"十三五"国家重点图书出版规划项目

中国汉画大图典

第一卷　人物故事

主　编　顾　森
副主编　胡广跃

西北大学出版社
·西安·

图书在版编目（CIP）数据

人物故事 / 顾森主编 . —西安：西北大学出版社，2022.2

（中国汉画大图典）

ISBN 978-7-5604-4857-2

Ⅰ . ①人… Ⅱ . ①顾… Ⅲ . ①画像石—中国—汉代—图集 ②画像砖—中国—汉代—图集 Ⅳ . ①K879.422 ②K879.442

中国版本图书馆 CIP 数据核字（2021）第 221030 号

责任编辑　王　岚
装帧设计　泽　海

中国汉画大图典
ZHONGGUO HANHUA DA TUDIAN
主　编　顾　森

人物故事
RENWU GUSHI

主　编　顾　森
副主编　胡广跃
出版发行　西北大学出版社
（西北大学校内　邮编：710069　电话：029-88302621　88303593）
http：//nwupress.nwu.edu.cn　　E-mail：xdpress@nwu.edu.cn

经　销	全国新华书店	
印　装	北京雅昌艺术印刷有限公司	
开　本	787 毫米×1092 毫米　1/16	
印　张	31	
版　次	2022 年 2 月第 1 版	
印　次	2022 年 2 月第 1 次印刷	
字　数	270 千字	
书　号	ISBN 978-7-5604-4857-2	
定　价	370.00 元	

本版图书如有印装质量问题，请拨打电话 029-88302966 予以调换。

编者的话

一、图典的结构

《中国汉画大图典》本质上是一套字典，不过是以图为字，用图像来解读先秦及汉代的社会和文化。本图典共七卷，一至六卷是黑白的，第七卷（上下册）是彩色的，共收有约 13000 个图像单元。根据现有图像的实际情况，以"人物故事""舞乐百业""车马乘骑""仙人神祇""动物灵异""建筑藻饰"几大门类来梳理和归纳，以期体现本图典这种形象的百科全书的特性。图像之外，文字部分主要有总序、各册目录、门类述要、专题文章、参考文献、后记等。

二、读者对象

本图典具有雅俗共赏的特色。其图像形象，能够为幼儿及以上者所识读；其文化内涵，能够为中学文化程度及以上者所理解；其图像、内容及其延展，则于文化学者、学术研究者和艺术创作者均大有裨益。

三、图像的来源和质量

本图典的黑白图像主要来源于画像石、画像砖、铜镜、瓦当、肖形印等五类器物的拓片。这些图像主要来自原拓，也有相当数量的图像来自出版物，极少量的图像来自处理过的实物摄影。

画像石是直接镌刻于石面上的，由于种种原因，如石质、镌刻工具、镌刻技艺等的不同，即使来自同一粉本，也不会出现完全雷同的图像，所以不同石面的拓片都具有"唯一"的特色，区别仅在于传拓水平高低带来的拓片精粗之分。画像砖、铜镜、瓦当、肖形印这几类，均是翻模、压模后埏烧或浇铸而成，雷同之物甚多。故在画像砖、铜镜、瓦当、肖形印中，出土地不同或时间早晚不同而拓片图像雷同之现象颇为常见，区别也仅在于传拓水平的高低带来的拓片精粗之分。画像石、画像砖、铜镜、瓦当、肖形印的拓片图像质量除了上述区别外，其共同之处就是，经过岁月的淘洗，一来画面的完整与残缺不尽相同，二来留存的图像本身的信息多寡不尽相同。

本图典的彩绘图像指壁绘、帛绘、漆绘、器绘（石、陶、铜、木）等，主要来自实物拍摄和出版物。今天所见的这些彩绘图像均来自地下墓葬，是汉代人留下的画绘实物，也是我们今天能看到的汉代人的画绘原作。因是附着于各类物体的表面，在地下环境中经历了几千年，仅有极少量（如少量漆绘作品）还能保留原初形象，其余大量只能用"残留"二字来形容。其质量的评定与画像石相似。但色彩保存的程度和绘制技法的特色，是彩绘图像特别重要的质量标准。

四、图像的选用

赏心悦目的画面，总是为受众所喜爱。本图典选用图像的标准，毫无疑问是质量好、保存原有信息量多。在这一总的原则下，对以下几类图像做灵活处理。

1. 有学术价值者。即能说明某一社会内容或某一文化现象的稀有图像，因其稀缺，故质量不好也选用。

2. 有研究价值者。即保留了不同时期信息或不同内容信息的图像，即使重复，只要多一点信息也选用。

3. 有应用价值者。即于研究、创作有参考或启发作用的图像，即使有残缺或漫漶也选用。

4. 有重要说明作用者。例如同一图像出现在不同时期或不同地区，很好地印证了某一图像的分布时段或地域，这种图像无论好坏多寡均选用。

五、图像的识别原则

图像的识别主要有以下两个原则。

1. 择善从之。经中外历代学者的努力，汉画图像的识别已有相当的学术积淀。择善从之主要表现在两个方面：一是选择有依据者，即有汉代文字题记或三国以前的文献记载者；二是"从众"，即接受学术界认同的或业界共同认知的。

2. 抛砖引玉。即对某些尚有争议或尚需进一步证明的认知，编者依据自己的学术判断来选用。这主要集中在本图典一些图像的内容、名称的判断上和一些门类的设立上。抛砖引玉就是不藏拙、不避短，将自己不成熟、不完善的认知作为学术靶子让同仁批评，最后求得学术和事业的发展。这样做于己于众均是好事。中国汉画中有太多至今让人不得其义的图像，只有经过学术的有的放矢的争辩，才能使真理越辩越明，最后达到精准识别之目的。

六、关于《丹青笔墨》卷

《丹青笔墨》卷为本图典的特辑，即其编写体例独特，与前几卷不完全相同。其原因一是时间紧迫，来不及收集更多资料，只就手中现有资料进行编写，以应目前此类出版物稀缺之急。二是仅仅一卷两册的篇幅，远远不能反映出汉代画绘应有的面貌（至少要编成六卷，才基本可以达到一定的量，才能较好地分类）。三是该卷中许多图像来自出版物，质量差强人意，只能勉强用之。即使如此，该卷也是目前将汉代画绘材料解析得最清楚、最详尽者。当然，其中也有不少地方分类不清晰，定位不精准。这些不足体现了编者目前的认知水平，也多少反映了今天学术界、考古界认知的基本情况。更深的认识，有待于今后的学习，以及考古发掘和研究成果的出现。

毕善其事是我们的初衷，但鉴于时间、条件、能力等方面的限制，不能尽善，材料的遗漏不可避免，甚至"网漏吞舟之鱼"也并非不可能。这些遗憾，我们会在今后的修订版中弥补。即使如此，我们还是深信这套大图典的出版会给读者或使用者带来一些惊喜和满足。首部《英语大词典》的编撰者，18世纪英国诗人、作家塞缪尔·约翰逊有一句妙语："词典就像手表，最差的也比没有好，而最好的又不见得就解释对了。"对一个词典的编者来说，这句话不能再好地表达他的全部感触了。

序 言

一

汉画是中国两汉时期的艺术，其所涵盖的内容主要是两部分：画绘（壁绘、帛绘、漆绘、色油画、各种器绘等），画像砖、画像石、铜镜、瓦当等雕塑作品及其拓片。

汉画反映的是中国前期的历史，时间跨度从远古直至两汉，地域覆盖从华夏故土辐射到周边四夷、域外多国。两汉文化是佛教刚传入中国但还未全面影响中国以前的文化，即两汉文化是集中华固有文化之大成者。汉画内容庞杂，记录丰富，特别是其中那些描绘神话传说、历史故事、生产活动、仕宦家居、社风民俗等内容的画面，所涉形象繁多而生动，被今天许多学者视为一部形象的记录先秦文化和秦汉社会的百科全书。作为对中华固有文化的寻根，汉画研究是一种直捷的方式和可靠的形式。正因为如此，汉画不仅吸引了文物考古界、艺术界，也吸引了历史、哲学、宗教、民俗、民族、天文、冶金、建筑、酿造、纺织等学科和专业的注意。

汉画的艺术表现，是汉代社会的开拓性、进取心在艺术上的一种反映，是强盛的汉帝国丰富的文化财产的一部分。汉画艺术不是纤弱的艺术，正如鲁迅所说，是"深沉雄大"的；汉画的画面充满了力量感，充满了运动感。汉画艺术并非形式单一，而是手法多样，形态各异。汉画中的画像砖、画像石、铜镜、瓦当等，不仅有线雕、浮雕、透雕和圆雕作品，还有许多绘塑结合、绘刻结合的作品；汉画中的画绘如壁绘、帛绘、漆绘、陶绘等，不仅包含各种线的使用方法，还有以色为主、以墨为主，甚至用植物油调制颜料直接图绘的方法和例子。汉画不是拘泥于某一种表现样式的艺术，在汉画里，既有许多写实性强的作品，更有许多夸张变形、生动洗练的作品。汉画继承了前代艺术的传统，并使之发扬光大，以其成熟、丰富的形式影响后代。看汉画，可以从中看到中国艺术传统的来龙去脉。如画像砖、画像石、铜镜、瓦当等雕塑作品，从中既能看到原始人在石、骨、玉、陶、泥上雕镌塑作的影子，也能看到商周青铜器上那些纹饰块面的制作手段。汉以后一些盛极一时的雕塑形式中，许多地方就直接沿用了汉代画像砖、画像石、铜镜、瓦当中的技法。看汉画，也能使人精神振奋，让人产生一种对博大精深的中华文化的自豪感。若论什么是具有中国风貌和泱泱大国气派的美术作品，汉画可以给出确切的答复。事实上，在今天的美术创作和美术设计中，汉画中的形象、汉画的表现手法随处可见。

二

关于汉代美术的独特地位，唐代张彦远《历代名画记》明确说及："图画之妙，爰自秦汉，可得而记。降于魏晋，代不乏贤。"郑午昌《中国画学全史》对此做了进一步的说明："中国明确之画史，实始于汉。盖汉以前之历史，尚不免有一部分之传疑；入汉而关于图画之记录，翔实可征者较多云。"这些议论都是关于绘画的，特别是指画家而言。但仅这一点，即汉代有了以明确的画家身份出现在社会中的人，就喻示了汉代绘画已摆脱了绘器、绘物这种附属或工匠状态。当然，汉代美术的独特地位不仅仅是指绘画的"可得而记"，而应包括美术各个门类的"可得而记"。汉代以前，美术处于艺术特性与实用特性混交的状态，汉代结束了自原始社会以来的这种美术附属于工艺的混交状态，包括工艺美术自身在内的许多独立的艺术门类，如绘画、雕塑、书法、建筑以及书论等等，都以一种不同于别的美术品类的形式出现。而一种独立的美术品类的出现，必然内含了其特殊的创作规律和表现形式，以及相当数量的作品等。正因为如此，我们便可以在这个基础上对汉代美术进行逐门逐科的研究。汉代美术的独特性，也就被这些越来越深入的研究所证明。

汉代美术并不是一道闪电，仅在一瞬间照亮天地，光明就随之消失。刚好相反，汉代美术一直光被后世，影响深远。汉代是中国美术发展史上的一个重要环节，它不仅对原始社会以来的美术从观念到技法进行了一次清理和总结，而且在继承的基础上给予了发展。正如汉代在中国社会的发展史上是一个重要的转折时期，汉代在中国美术的发展史上也是一个重要的转折时期。就画绘而言，且不论已有的各种笔法，只就汉武帝创"秘阁"，开皇家收藏先例，汉明帝置尚方画工、立"鸿都学"为画院之滥觞，蔡邕"三美"（赞文、书法、画技）已具中国画"诗、书、画"三元素而论，就能使人强烈地感受到汉代美术开了一代新风。

三

汉代曾有一大批专业画家和仕人画家，绘制了大量作品，或藏于内宫，或显扬于世间。可惜的是，两汉四百余年皇家的收藏和专业画家的作品均毁于兵燹，至唐时，已如吉光片羽，极为罕见。今天我们看到的汉代画绘实物基本上出自墓葬，因此我们今天所说的汉画，不是一般意义上的艺术，而是陵墓艺术。由此可得出汉画有别于其他艺术的两大特点：一是反映丧葬观念，二是反映流行于世的思想。

汉代人的丧葬观念，简而言之就是建立在极乐升仙和魂归黄泉思想基础上的"鬼犹求食""事死如事生"的信念，即是说对待死人如对待活人一般，让死人在神仙世界或黄泉世界得到在人世间已得到或未得到的一切。汉代流行于世的思想主要有祖先崇拜、天人之际、阴阳五行、今文经学、谶纬之学、建功立业、忠义孝行等等。除了衣食住行之需外，流行思想也普遍地出现在汉代墓葬中。汉墓中能体现丧葬观念和流行思想的，即我们通常所说的祭祀和血食两大内容。祭祀和血食在帝王陵中体现为在陵上修建陵庙（放置有祭祀用品，壁间满绘祭祀内容的图画）和陵寝（备有一切生活用品和奴仆的楼阁），在有地位的贵族的墓冢中则以修造墓祠来体现。汉代的陵庙、陵寝和绝大多数墓祠为木构建筑，早已荡然无存，至今只有极少的石质墓祠保留下来。祭祀和血食这两大内容便可从这些实物中得到证明。如现存较完整的山东长清孝堂山郭巨石祠，祠中满布石刻浮雕，画像内容主要为神话传说、历史故事和生活场景，即祭祀和血食两大部分。从目前发现的画像石墓来看，墓主人的官秩没有超过二千石的，都是中等财力或中等财力以下者，估计是因社会地位不高或财力不足而不能立墓祠。但墓主人又深受当时社会墓葬习俗的影响，出于对祭祀内容与生活内容的迫切需要，只好在墓内有限的地方用简略而明确的方式来表达这一愿望，即将祠庙的图绘部分直接搬来，又将陵寝的实物部分搬来，并表现为图绘形式。从现在的汉画出土情况来看，这些东西不能看成汉代艺术的上乘之作，只能看作民间艺术，或者是来源于专业画家粉本的非专业画家的作品。因此，汉画中反映的内容和题材，有很大一部分是流行于民间的思想，不能尽用史书典籍去套。如青龙、白虎、朱雀、玄武本是守东、西、南、北四方的天神，它们的图像多被视为代表某一方位。但在汉画中，它们不一定表示方位。汉代吉语中所谓的"左龙右虎辟不羊（祥）""朱雀玄武顺阴阳"，可能才是图绘它们的真正含义。许多墓葬中青龙、白虎、朱雀、玄武的位置也说明了这一点。

四

从保存现状来看，汉画里雕刻类作品总体上比画绘类作品保留得完整，在数量上也大大超过了它们。因此在汉画的研究或使用中，总是以画像砖、画像石等为主。今天所说的汉画，在相当大的范围内指的是画像砖、画像石。

画像砖几乎遍及全国各地，其主要分布在陕西、河南、川渝地区（四川、重庆）。画像砖艺术是许多图样的源头，体现在陕西画像砖里；其发展中的重要转折，体现在河南画像砖中；而其集大成者，则体现在川渝画像砖上。中国古代的许多图样往往起于宫中，再流入民间，继而风行天下。陕西秦汉宫室和帝王陵墓中画像砖上的许多图样，也是两汉画像砖上许多图样的最早模式。河南画像砖中，以洛阳画像砖为代表的粗犷、豪爽风格和以新野画像砖为代表的精美、劲健风格，给人的艺术感受最为强烈。川渝画像砖以分布地域广、制作时间成系列、反映社会内容丰富、艺术手法生动多样为特色。

画像砖不因材质的不同而形成各地区的不同风格和特征，而是出现了由尺寸及形状不同而产生的不同的画面处理。这些画面处理为后代积累了许多艺术创作原理方面的经验和相应的技法。如秦、西汉大空心砖，一砖一图或一砖多图，或以多块印模反复印制同类图形后再组合成一个大的画面。河南南阳和川渝地区的方砖、条砖则因尺寸小而主要是一砖只表现一个主题或情节。在这些画像砖上，尤其是川渝地区的画像砖上，线雕与浮雕更精细，构思更巧妙，阴线、阳线、浅浮雕、中浮雕的运用和配合更熟练，更有变化。正如汉瓦当圆形内是成功的、饱满的构图一样，川渝地区在不同尺寸的方砖、条砖乃至砖棱上,都能巧妙地创作出主题明确而又生动的画面。在画面的多种构思上,川渝画像砖成就尤为突出。

画像石分布在山东、河南、四川、重庆、江苏、陕西、山西、安徽、湖北、浙江、云南、北京、天津、青海等十余个省市。其中以山东、河南南阳、川渝地区、陕西榆林（陕北）、江苏徐州五个区域密度最大,数量最多。

山东是升仙思想的发端地之一,多方士神仙家。山东又是儒家的大本营,先后出了孔子、孟子、伏生、郑玄等在儒学发展史上开宗立派、承上启下、集时代之大成者,还有以明经位至丞相的邹人韦贤、韦玄成父子。山东画像石多经史故事和习经内容,也多西王母等神仙灵异内容,正是汉时山东崇儒求仙之风的生动写照。山东画像石多使用质坚而细的青石,雕镌时以凝练而精细的手法进行多层镌刻,雕刻技法多样,高浮雕、中浮雕、浅浮雕、透雕都能应用得恰到好处。山东画像石以数量多、内容丰富、可信年代者延续有序、画面精美复杂、构图绵密细微为世所重。

《后汉书·刘隆传》曰："河南（洛阳）帝城多近臣,南阳帝乡多近亲。"说明河南南阳在东汉时期是皇亲国戚勋臣的会集之地,也是皇家势力所控制的地区,崇奢者竞富,势在必然。光武帝刘秀起兵南阳得天下后,颁纬书于天下,《白虎通德论》又将谶纬思想融入钦定的儒家信条中。这种以天象、征兆来了解天意神谕,以荒诞的传说来引出结论的思想,弥漫天下。我们今天看到的南阳画像石,多天象、神异和男女侍者等内容,对东汉时帝王、权贵的生活和思想,尽管不是直接反映,但起码也是当时南阳世风的反映。南阳画像石多使用质坚而脆的石灰石,雕镌时使用了洗练、粗犷的手法,主题突出,形象鲜明。画像造型上,南阳画像石上的人物除武士外,一般都较典雅、沉稳、恭谨；动物和灵异因使用了夸张变形的表现手法而显得生动活泼、多姿多态,颇有呼之欲出之势。

川渝地区,从战国到秦汉,一直被当时的政权作为经济基地来开发。秦时都江堰水利工程的建成,更使蜀地经济实力得到增强。正因为有了这个殷实的经济后方,不仅"汉之兴自蜀汉"（《史记·六国年表》）,秦得天下也是"由得蜀故也"（《蜀鉴》）。

画像砖、画像石的生产、交换题材，集中出现在川渝地区，如"市井""东门市""采盐""酿酒""采桑""借贷""交租""收获""采莲""捕鱼""放筏""播种""贩酒"等，既反映了汉时川渝地区蓬勃发展的经济，也反映了川渝地区在秦汉两代是经济后方的事实。川渝画像石对汉代俗文化的反映是很典型的，举凡长歌舞乐、宴饮家居、夫妻亲昵等多有所表现。川渝画像石多使用质软而粗的砂石，雕镌时注重体量，浮雕往往很高，风格粗放生动，尤其以彭山江口崖墓富于雕塑语言表达的高浮雕、乐山麻浩崖墓画面宏大的中浮雕等崖墓石雕，以及一些石阙、石棺浮雕最有代表性。

陕北画像石的内容，较少出现别的地区常有的历史故事，也未见捕鱼、纺织等题材，而是较多反映了边地生活中的军事、牧耕、商业等内容，以及流行于汉代社会的神仙祥瑞思想。这正反映了陕北在出现画像石的东汉初中期，商人、地主、军吏成为此地主要的富有者和有权势者。陕北画像石生动地反映了这些文化素养不高又满脑子流行思想（升仙、祥瑞）的人的追求。陕北画像石使用硬而分层的页岩（沉积岩），不宜做多层镌刻，图像呈剪影式，再辅以色彩来丰富细节。在形象的处理上，不追求琐碎的细节；在处理各种曲线、细线和一些小的形象时，多采用类似今天剪纸中"连"的手法，一个形象与一个形象相互连接，既保证了石面构架的完整，又使画面显得生动丰富。平面浅浮雕基本上是陕北画像石采用的唯一一种表现手法，因此陕北画像石是将一种艺术形式发挥得淋漓尽致的典型例子。华美与简朴、纤丽与苍劲、流畅与涩拙，都由这一手法所出，表现得非常成功。一般来说，反映农耕牧业等生产内容的画面，往往都刻得粗犷、简练；反映狩猎、出行等官宦内容的画面，往往都刻得生动、活泼；反映西王母、东王公、羽人、神人、神兽等神仙祥瑞的画面，往往都刻得细腻繁复，尤其是穿插其间的云气纹、卷草纹等装饰纹样，委婉回转，飞动流畅，极富曲线之美。在辅之以阴线刻、线绘（墨线与色彩线）、彩绘（青、白、绿、黑等）这些艺术手段后，完整的汉代画像石墓往往表现出富丽华贵之气。从总体上看，极重装饰美这一点，在陕北画像石中表现得最为突出。

徐州在汉代是楚王封地，经济发达，实力雄厚。20世纪50年代以来，先后发掘的几座楚王墓，都是凿山为陵、规模宏大的工程，真可雄视其他王侯墓。这种气度和风范在画像石中，主要体现为对建筑物的表现和巨大画面的制作。这些建筑多是场面大、组合复杂、人物众多的亭台楼阁、连屋广厦，均被表现得参差错落、气势非凡。加上坐谈、行走、宴饮于其中的人物，穿插、活动于其中的动物和神异之物，既使画面生动有致、热闹非凡，也真实地反映了汉代徐州地区的富庶和权贵们生活的奢侈。徐州画像石与南阳画像石一样，多用质坚而脆的石灰石；不同的是，徐州画像石中有一些面积较大的石面，雕镌出丰富庞杂的画面。这种画面中，既有建筑，也有宴饮，还有车马出行、舞乐百戏等宏大场面。在这些大画面的平面构成上，人物、动物、灵异、建筑、藻饰等的安排密而不塞，疏而不空，繁杂而有秩序层次，宏大而有主从揖让。

无论是画像砖还是画像石，最后一道工序都应是上色和彩绘。细节和局部，正依赖于这一工序。一些砖、石上残留的色彩说明了这个事实。如陕北榆林画像石上有红、绿、白诸色残留，四川成都羊子山画像石上有红、黄、白诸色残留，河南南阳赵寨画像石上有多种色彩残留，等等。精美而富于感情的"文"，是今天借以判断这些砖、石审美情趣的依据，可惜已失去了。今天能看到的画像砖、石，大都是无色的，仅仅是原物的"素胎"和"质"，即砖、石的本色。岁月的销蚀，使这些砖、石从成品又回到半成品的状态。用半成品来断定当时的艺术水准并不可靠，仅从"质"出发对汉代艺术下判断也往往失之偏颇。半成品用来欣赏，给观众留下了足够的余地，给观念的艺术思维腾出了广为驰骋的天地。观众可用今天的审美观、今天对艺术的理解和鉴赏习惯，运用自己丰富的想象力，去参与这种极为自由的艺术创作，去完成那些空余的、剩下的部分。引而不发的艺术品，更能使人神思飞扬。这也是今天对画像砖、画像石的艺术性评价甚高的原因。汉画像的魅力就在于此。

画像砖、画像石作为一种特殊的艺术品，所依托的是秦汉的丧葬观念。秦汉王朝的兴衰史，也是画像砖、画像石艺术从发达到式微的过程。从这个意义上讲，画像砖、画像石艺术是属于特定时代的艺术。但是，画像砖、画像石所积累下的对砖、石这两种材料的各种应用经验，积累下来的在砖、石上进行创造的法则和原理，则通过制作画像砖、画像石的工匠们口手相传，流入后代历史的江河中。且不论汉以后的墓葬艺术中还随时可看到汉画像的影子，就是在佛教艺术开龛造窟的巨大营造工程中，在具体处理各种艺术形象时，也处处可见汉画像的创作原理和技法的运用。画像砖、画像石艺术是汉代人用以追求永恒的一种形式，但真正得以永恒的并不是人，而是画像砖、画像石艺术自身。

五

所谓画像，就其本义来说是指拓片上的图像，即平面上的画，而不是指原砖、原石。中国对汉代这些原砖、原石的研究，几百年来基本上是根据拓片来开展的。而且，用拓片做图像学式的研究还主要是近一百年的事。

画像砖、画像石多为浮雕，本属三维空间艺术。拓片则是二维空间艺术。以二维空间艺术（拓片的画面）对三维空间艺术进行研究，即对画像砖和画像石的布局、结构、气韵、情趣等方面进行研究，是中国特有的一种研究方法。从今天的角度或今天所具有的条件来看，应赋予古人的这种方法以新的含义，即拓片的研究应是综合性的。这种综合性是随画像砖、画像石本身的特点而来的。例如画像石的制作，起码有起稿上石、镌刻、彩绘、拓印这四个环节。每一个环节都是一次创作或再创作，如起稿上石所体现的线的运动和笔意，镌刻所体现的刀法和肌理，彩绘所体现的随类赋彩和气韵，拓印所体现的金石味、墨透纸背的力量感和石头的拙重感，等等。这四个环节是从平面到立体，又从立体回到平面，这种交替创作发人深省。拓片的出现最初肯定是以方便为动机，后来拓片就成了艺术的一种形式而被接受，这正体现了中国传统美学对艺术朦胧、得神、重情的一种要求。

拓片是我国特有的艺术工艺传拓的作品。汉画拓片，主要指汉代画像砖、画像石的拓片。这些拓片不是原砖塑、原石刻的机械、刻板的复制品，而是一种艺术的再创作。好的拓片不仅能将雕镌塑作的三维作品忠实地转换成二维图形，而且能通过传拓中所采用的特殊方法，在纸面上形成某些特殊的肌理或凹凸，使转换成的二维图形具有浓浓的金石韵味。拓片实质上是一种特殊的艺术品。正如所有的艺术品都有高低优劣之分，拓片也有工拙精粗之分。拓印粗拙的所谓拓片，既没有忠实记录下原砖、石上的图像信息，也没有很好地传达出原砖、石上特有的艺术韵味。这种所谓的拓片，就像聚焦模糊的照片，看似有物，实则空无一物，是废纸一张。而好的拓片历来被学者和艺术家所看重，而且往往成为他们做出一些重要学术判断的依据或提高艺术表现的借鉴。许多艺术家就是根据好的拓片创作出一些精彩作品的。

今天，汉代墓室画绘，汉画像砖、画像石的原砖、原石及其拓片，铜镜、瓦当及其拓片等汉代图像资料，被广泛地应用于多学科的研究和各类艺术创作实践中。古老的汉画，因其新的作用和特有的魅力，实现了自身的蜕变和升华，成为我们新时代文化构成的重要部分。

顾　森

2021 年 12 月 15 日

目 录

人物故事述要 ·· / 1

人物 ··· / 7

三皇五帝及历代帝王 ·· / 9

三皇五帝夏禹夏桀 ··· / 9
三皇 ··· / 10
五帝 ··· / 20
夏禹夏桀 ··· / 26
文王十子及周成王 ··· / 32

蚩尤猛将力士 ·· / 37

蚩尤 ··· / 37
猛将力士 ·· / 39

圣贤明君名臣 ·· / 47

圣贤 ··· / 47
明君名臣 ·· / 82

各级官吏及侍属 …… / 94

官吏 …… / 94
迎谒人物 …… / 100
拜谒人物 …… / 115
捧盾人物 …… / 132
伍佰 …… / 155
执棒人物 …… / 163
执笏人物 …… / 166
执簪人物 …… / 193
执棨戟人物 …… / 203
其他人物 …… / 226

主人及侍属 …… / 227

主人 …… / 227
女仆从 …… / 238
男仆从 …… / 246

其他人物 …… / 254

榜题人物 …… / 254

男性人物 …………………………………………… / 258

女性人物 …………………………………………… / 312

其他 ………………………………………………… / 323

故事 ……………………………………………………… / 325

圣贤故事 …………………………………………… / 327

史传故事 …………………………………………… / 334

忠义故事 …………………………………………… / 355

孝行故事 …………………………………………… / 368

列女故事 …………………………………………… / 383

人物故事长款 ……………………………………… / 390

内容不明故事 ……………………………………… / 395

胡汉交战 ………………………………………………… / 403

执法惩戒 ………………………………………………… / 423

汉画故事集萃 …………………………………………… / 432

人物故事述要

我们今天称为人物画的美术作品，在汉代并非寻常之物，而是具有史书之作用。正如《汉书·苏武传》中记李陵送别苏武时所说："今足下还归，扬名于匈奴，功显于汉室，虽古竹帛所载，丹青所画，何以过子卿。"汉立国以后，以褒扬鉴戒为目的，也的确于各个时期、各个地区绘制了许多人物故事画。这些图画中，有皇帝下旨绘制的，如西汉宣帝时的麒麟阁功臣像、东汉明帝时的云台烈士像等，也有各州郡县逐层申报审批绘制的良吏、孝子、节女等值得宣扬的人物。除以上内容外，褒扬鉴戒的作品还有绘于宗庙、陵庙、祠堂内的画图。总括起来，这类作品有历代帝王、圣贤故事、忠义故事、孝行故事、列女故事等。具体内容如下：

1. 人物类

（1）历代帝王。包括：

三皇，即伏羲（多与女娲相配）、祝融、神农（多与仓颉相配）；

五帝，即黄帝、颛顼、帝喾、唐尧、虞舜；

夏禹、夏桀；

文王及其妻和十子，即周文王、太姒、伯邑考、武王发、周公旦、蔡叔度、霍叔处、康叔封、冉季载、管叔鲜、曹叔振铎、成（郕）叔武；

秦始皇（如泗水取鼎）；

蚩尤、猛将力士。

（2）圣贤。包括：

老子、孔子、孔门弟子等。

（3）明君名臣。包括：

周公（如周公辅成王）、越王、吴王、皋陶、关龙逄、管仲、晏婴、伍子胥、蔺相如、苏武等。

（4）各级官吏及侍从。

2. 故事类

（1）圣贤故事。包括：

曾母投杼、柳下惠坐怀不乱、颜淑握火、二桃杀三士等。

（2）史传故事。包括：

管仲射小白、信陵君迎侯嬴、范雎罪释魏须贾、赵盾喂灵辄、晋灵公袭赵盾、李善抚孤、申生愚孝、伯乐相马、西门豹治邺、鸿门宴等。

（3）忠义故事。包括：

周公辅成王、季札挂剑、赵氏孤儿、王陵母、蔺相如完璧归赵、曹子劫桓、专诸刺吴王、要离刺庆忌、豫让刺赵襄子、聂政刺韩王、荆轲刺秦王等。

（4）孝行故事。包括：

闵子骞失棰、老莱子娱亲、邢渠哺父、丁兰刻木、伯榆伤亲、董永行孝、三州孝人、金日䃅思母、义浆羊公、魏汤为父报仇、七女为父报仇等。

（5）列女故事。包括：

齐桓卫姬、齐管妾婧、钟离春自荐、梁节姑姊、楚昭贞姜、齐义继母、京师节女、梁寡高行、鲁义姑姊、鲁秋洁妇等。

以上这些历史人物和故事，因有帝王和各级官员的宣扬，再加上有吸引人的艺术手段和艺术形象，无疑在当时社会中起到极大的宣教作用，并形成了该时代人特有的思想观念。有名的例子如王充《论衡·须颂》中记西汉宣帝时画功臣像于麒麟阁，"或不在其上者，子孙耻之。何则？父祖不贤，故不画图也"。又如东汉时人赵歧，《后汉书·赵歧传》记载他多才艺，善画，在为自己准备墓冢时，"先自为寿藏，图季札、子产、晏婴、叔向四像居宾位，又自画其像居主位，皆为赞颂"。

在三皇五帝图像中，最特殊的是伏羲女娲图像。在汉画中，伏羲女娲图像实际分为两大类：一类是古代三皇五帝中之三皇；另一类是神仙世界中与西王母等搭配的天神或天象（日、月之象征）。前一类收入《人物故事》卷的"三皇"项内，凡与开天辟地、创造人类有关的图像，即归于此项。其余均划归《仙人神祇》卷。

汉人命归黄泉的思想，使陵墓内的安排成为人世间的翻版。就丧葬艺术而言，除上面提到的帝王、明君、先贤等形象，忠义、孝行、列女等人的事迹，以及仙人神祇等作为祭祀、尊崇的对象外，数量最丰的则是人世生活内容。如尊儒与崇武（讲经、授业、战斗、射猎等），仕宦与家居（出行、拜谒、宴饮、燕居、庖厨、秘戏等），娱乐与体育（乐舞、百戏、揖射、投壶、六博等），生产与交换（渔猎、耕织、开采、酿造、市井、借贷等），求吉与辟凶（神荼郁垒、方相氏、钟馗、虎、铺首等），其他（建筑、敬老等）。这些内容，几乎包括了汉代社会的方方面面。这些方面不仅是汉代人设计的冥中内容，也被汉代人移入天上，成为仙界内容。从汉画像天界、人间、冥界三界的内容来看，总是以人世间的生活内容为主体而分别延伸上天组成天界，延伸入地组成冥界，以及延伸到汉代人所独创的跨越三界的神仙世界。由此可看出，汉代人对人生、对人世的热爱和依恋之情。在汉代人看来，这些内容是天上或冥中或仙界的现实，但在我们今天看来，完完全全是汉代社会的现实。这些内容的价值，倒不在于为亡故之人提供了多少财富或安排了什么出路，而是为今天的我们提供了丰富的汉代社会形象材料。汉画艺术中的人物，数量最多的就是活动于这些生活场所中的主要的和次要的角色。

就《人物故事》卷所收集的形象而言，除历史人物、故事外，主要是朝野中"朝"的一部分，即仕宦经历和仕宦追求等场景中的人物形象。人物类中更多的群体形象主要集中于"野"，即士、农、工、商，则划入"百业"中，将在另一卷内集中反映。

汉画中对人物故事的表现，可以充分体现出汉画艺术的造型手段。

在人物故事类的艺术表现中，最值得注意的是程式化的表现。这既是用以看懂汉画内容的一种简捷途径，也是认识和理解汉画艺术的可靠而合理的途径。

广泛存在于画像砖、画像石中的一些程式化较强的作品，也在统治阶层的宫室庙堂等处存在过。由此可以做这样的设想：程式化的最初形式来自专业画师之手。关于这一点，汉代没有直接的材料做例证，但间接材料却可以找到。如孔子在周庙中见过的《周公辅成王图》，以及汉武帝令人画赠霍光的《周公辅成王见诸侯图》，可能就是"周公辅成王"这一题材的母本。就画像砖、画像石的实例来看，山东曲阜、嘉祥、沂南、梁山、安丘及江苏徐州、陕北子洲等地，都有周公辅成王图。虽然所在地区不同，但这一题材的基本格式就是中间有一小孩，头上覆一华盖，两旁各站一人或数人。从这一题材的程式化可看出，艺术格式的一致性是首要的，地方的、地域的风格是次一等的。同时也能看出，之所以会出现不同地区对同一题材的艺术表现手法相同，必然是从同一母本而来。就汉代"周公辅成王"这一题材而言，其母本可能是汉武帝令人画赠霍光的那件作品。

在人物故事类作品中，与程式化同样值得注意的是程式化的变体。

程式化的变体的一种主要类型，是某一完善形式在多次重复中的变化，如"荆轲刺秦王""二桃杀三士""周公辅成王"等题材。"荆轲刺秦王"可以说是历史题材的画像反映得最多的一个主题。就现在所知，画像石的主要流行地区都发现有这一题材，如山东嘉祥武氏祠（三幅）、山东沂南（一幅）、四川乐山（三幅）、陕北（一幅）、浙江海宁（一幅）等。无论在什么地区，"荆轲刺秦王"的基本格式都是：中间立一柱（上插或不插匕首），荆轲、秦王分置柱子两侧。这一基本格式即是程式。在这一基本格式下，人物有多有少，场面有大有小，人物动态有生动有板滞，等等，这些变化就是程式化的变体。在"荆轲刺秦王"的变体中，以四川乐山虎头湾崖墓和山东沂南画像石墓最有特点。其中虎头湾的一幅在荆轲动态的处理上，刻成跨步前扑，俯身扬手抛掷匕首。比起别处这一题材的石刻，荆轲动作大而生动，予人印象强烈。沂南的《荆轲刺秦王》是同一题材中最简略者，除了秦王、荆轲和隔在中间的上插匕首的柱子外，再没有别的形象。与这一事件有关的人或事全用物件表示。耐人寻味的是，这一石刻在省略别的人或物的同时，却又在增加一些新的细节，如给荆轲佩上长剑并使其双手执铤。这种完全违背历史事实的细节，使本来已经失败的行刺（以插在柱子上的匕首表示行刺失败）又平添了几分希望和惊险。这种细节的增加是典型的地区风格乃至个人风格的加入。"周公辅成王"的程式前面已提到，需要指明的是变体，即除了成王两旁人数的多寡外，还有对这一题材的理解和处理。这种变体有时是很严肃的，如江苏徐州、山东梁山的两幅，与汉武帝对霍光托孤而作为忠义的象征是相吻合的。但在有的地方，却与猜拳、乐舞排在一起（如陕北子洲的一幅），就显得不很严肃，是为历史题材而历史题材了。"二桃杀三士"也是汉画像中反映得很多的一个题材，其程式是中间立一高柄豆，内放两枚桃子，豆两旁各立一士和二士，紧靠高柄豆的二士伸手去取桃，稍远的一士扶剑做不可忍耐状。其变体主要体现在三士以外人物的增减和三士动态的不同。

汉画中的人物故事类在艺术表现上，给后人留下了许多很有价值和很有特点的手法。主要有：

1. 线的表现

所谓线的表现，主要指汉画像中以凸起的线条（阳线）和凹下的线条（阴线）为主要造型手段的作品中这些线条的特点。由于材料、艺人等诸种因素的不尽相同，就出现了线的艺术表现上的区别或个性化。如有简略而概括的线、简略而稚趣的线、工稳而劲健的线、装饰趣味性强的线等。

2. 形的表现

所谓形的表现，主要指以块、面为基本造型手段的作品。这些作品一般都用线（或绘或刻）表现细部，但这些细部多因岁月原因而消失或减弱，剩下的就是块、面所留存的形了。所以，在用形做表现手段的画像砖、画像石中，往往都是通过没有细部描写的剪影式的身姿、体态等去表现某一种情绪、某一种气氛或某一种动势。如《伍佰图》（成都画像砖）中，四个奔跑的伍佰呈一种倾斜状，他们的体态有如被风吹走的叶子，显出一种飘浮而轻快的动势。

3. 人物组合形式

人物组合形式，有如山东微山、济宁、安丘等地出土的画像石"孔子见老子"一类作品中，众多的人物均为成排独立站立的排列式；有如山东嘉祥武氏祠《泗水取鼎》中，那众多人物、舟船、车马等的喧闹式；有如一些表现刺客、抗争题材和表现狩猎内容的冲突式；有如江苏泗洪出土的画像石《曾母投杼》中，人物多、场面较大而又安排紧凑的紧密式；等等。

汉代人物故事画尤其是故事画，从中国绘画史的角度看，最值得大书特书。汉代艺术家将那些有众多人物和众多情节的事件，用提取典型元素和典型细节的形式，洗练、准确、无误地呈示出来。这种主题画创作的传承，便是由汉代艺术家通过大量的艺术实践所成就。无论是艺术手法或艺术观念，汉代这一主题画创作技艺，一直泽被后世。

人物

三皇五帝夏禹夏桀　东汉　山东嘉祥武氏祠　石

三皇五帝夏禹夏桀（局部）　东汉　山东嘉祥武氏祠　石

三皇五帝夏禹夏桀（局部）　东汉　山东嘉祥武氏祠　石

榜题　伏戏仓精初造王业画卦结绳以理海内　东汉　山东嘉祥武氏祠　石

榜题　伏希　女䧿　玄武　东汉　四川简阳鬼头山崖墓3号石棺　石

榜题　祝融氏无所造为未有嗜欲刑罚未施
东汉　山东嘉祥武氏祠　石

榜题　神农氏因宜教田辟土种谷以振万民
东汉　山东嘉祥武氏祠　石

榜题　仓颉　神农　东汉　山东沂南北寨　石

人物

三皇五帝及历代帝王 — 三皇

榜题 神农 仓颉　东汉　四川新津　石

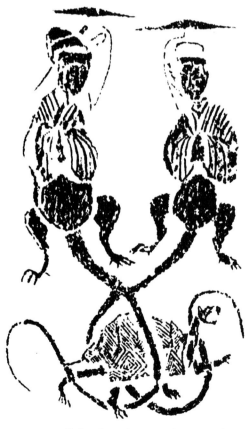

伏羲女娲　东汉　河南新野　砖

伏羲女娲　东汉　安徽淮北　石

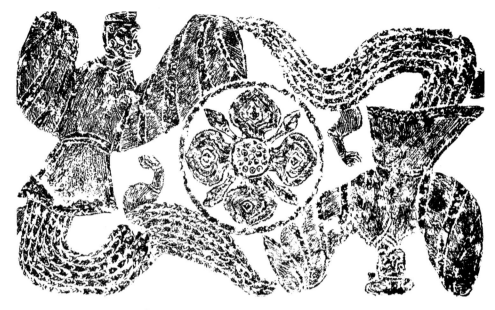

伏羲女娲　东汉　安徽宿县褚兰墓山孜　石

伏羲女娲　东汉　四川彭州碱厂　砖

人物故事

人物

三皇五帝及历代帝王　三皇

人物 三皇五帝及历代帝王 三皇

伏羲女娲　东汉　河南南阳　石

伏羲女娲　东汉　河南南阳　石

伏羲女娲　东汉　江苏徐州　石

伏羲女娲　东汉　山东济宁　石

伏羲女娲　东汉　山东济宁　石

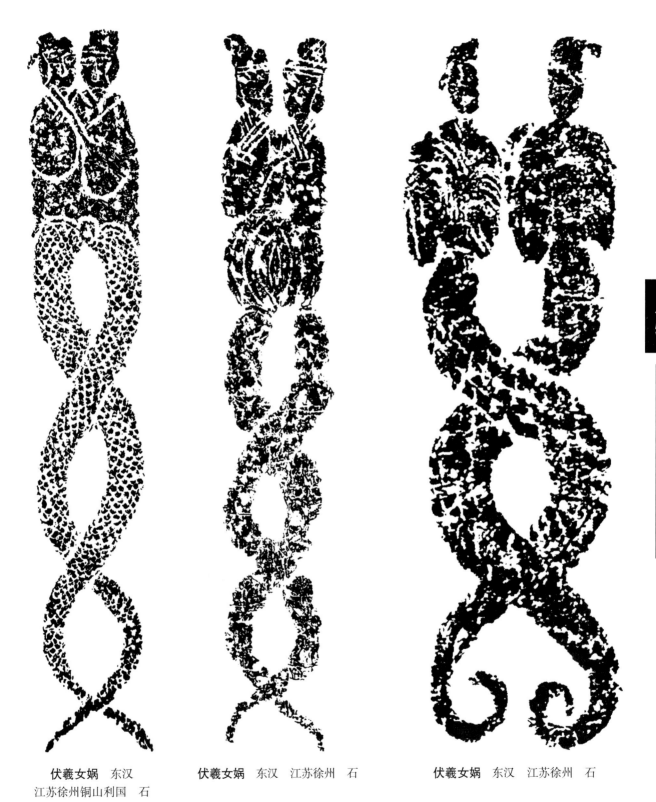

伏羲女娲　东汉
江苏徐州铜山利国　石

伏羲女娲　东汉　江苏徐州　石

伏羲女娲　东汉　江苏徐州　石

人物 三皇五帝及历代帝王 三皇

伏羲女娲　东汉　江苏徐州　石

伏羲女娲　东汉　河南南阳　石

伏羲女娲　东汉　山东临沂　石

伏羲女娲　西汉　山东金乡　石

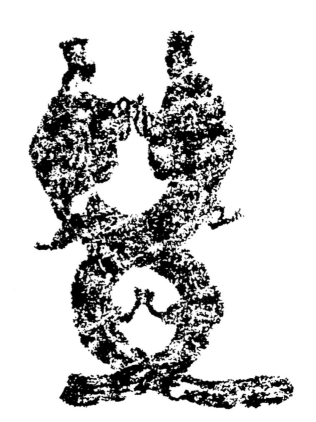
伏羲女娲　东汉　山东滕州　石

伏羲女娲　东汉　河南新野　砖

伏羲女娲　东汉　安徽淮北　石

伏羲女娲　东汉　山东嘉祥武氏祠　石

人物故事

人物 三皇五帝及历代帝王 三皇

伏羲女娲　东汉　山东嘉祥武氏祠　石

伏羲女娲羽人　东汉　河南郏县　砖

 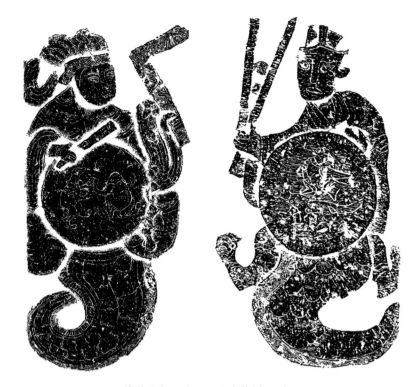

伏羲女娲 东汉 河南南阳 石

伏羲女娲 东汉 山东临沂 石

人物 三皇五帝及历代帝王 三皇

伏羲女娲 东汉 陕西榆林 石

榜题　黄帝多所改作造兵井田□裳立宫宅　东汉　山东嘉祥武氏祠　石

榜题　帝颛顼高阳者黄帝之孙而昌意之子　东汉　山东嘉祥武氏祠　石

榜题 帝俈高辛者黄帝之曾孙也　东汉　山东嘉祥武氏祠　石

人物
三皇五帝及历代帝王　五帝

榜题　帝尧放勋其仁如天其知如神就之如日望之如云　东汉　山东嘉祥武氏祠　石

中国汉画大图典

人物

三皇五帝及历代帝王 五帝

榜题 帝舜名重华耕于历山外养三年 东汉 山东嘉祥武氏祠 石

尧舜禅让 东汉 山东沂南北寨 石

帝舜故事之耕于历山 东汉 山东滕州宏道院 石

人物 三皇五帝及历代帝王 五帝

榜题 夏禹长于地理脉泉知阴随时设防退为肉刑　东汉　山东嘉祥武氏祠　石

大禹故事 东汉 江苏徐州铜山洪楼 石　　**大禹故事** 东汉 山东费县刘家疃 石

大禹故事 东汉 山东费县刘家疃 石

人物

三皇五帝及历代帝王 夏禹夏桀

人物 三皇五帝及历代帝王 夏禹夏桀

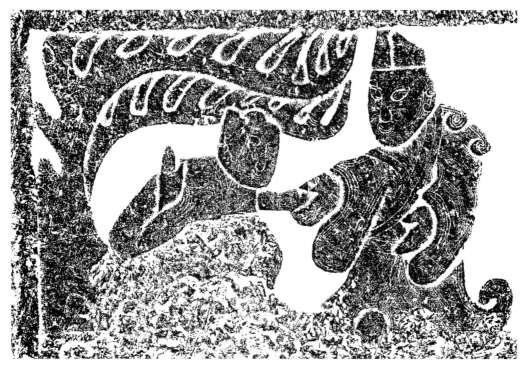

大禹故事 东汉 山东（江苏徐州汉画像石艺术馆藏）石

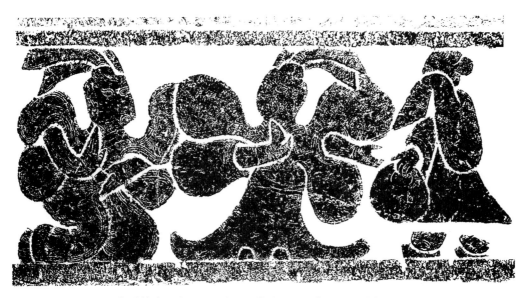

大禹故事 东汉 山东（江苏徐州汉画像石艺术馆藏）石

大禹故事 东汉 山东（江苏徐州汉画像石艺术馆藏）石

执锸大禹　东汉　山东临沂　石

执锸人物　西汉　河南唐河电厂　石

人物

三皇五帝及历代帝王　夏禹夏桀

执锸人物　东汉　山东肥城栾镇　石

执锸人物　东汉　安徽萧县　石

人物　三皇五帝及历代帝王　夏禹夏桀

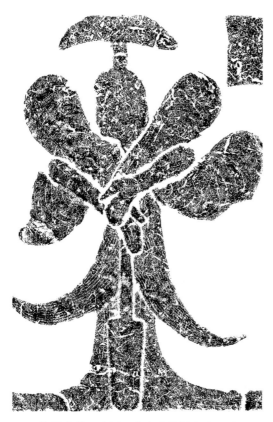

执锤人物　东汉　山东费县刘家疃　石

执锤人物　东汉　山东临沂　石

执锤人物　东汉　山东临沂　石

执锤人物　东汉　山东微山　石

执锤人物 东汉 山东沂南任家庄 石

执锤人物 东汉 四川富顺 石

榜题 夏桀 东汉 山东嘉祥武氏祠 石

人物 三皇五帝及历代帝王 夏禹夏桀

文王十子（局部）（榜题 文王） 东汉 山东嘉祥武氏祠 石

文王十子（局部）（榜题 伯邑考 武王发 周公旦） 东汉 山东嘉祥武氏祠 石

文王十子　东汉　山东嘉祥武氏祠　石　中国艺术研究院藏道光年间拓

文王十子　东汉　山东嘉祥武氏祠　石　郭若愚藏清后期拓

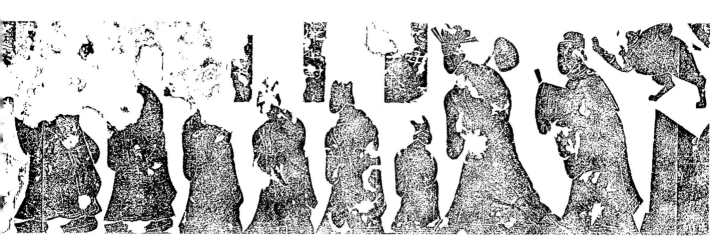

文王十子　东汉　山东嘉祥武氏祠　石　今拓

文王十子（局部）（榜题 蔡叔度）
东汉 山东嘉祥武氏祠 石

文王十子（局部）（榜题 霍叔处 康叔封）
东汉 山东嘉祥武氏祠 石

文王十子（局部）（榜题 冉子载 乳母） 东汉 山东嘉祥武氏祠 石

人物故事

三皇五帝及历代帝王 文王十子及周成王

周公辅成王（局部）（榜题　成王）	周公辅成王（局部）（榜题　太子）	成王　周公辅成王（局部）
东汉　山东嘉祥纸坊镇　石	东汉　山东嘉祥纸坊镇　石	东汉　陕西绥德　石

周公辅成王（局部）（榜题　周公　成王）　　　　成王　周公辅成王（局部）
东汉　江苏邳州庞口村　石　　　　　　　　　　东汉熹平三年（174）　安徽灵璧　石

人物故事

蚩尤猛将力士

蚩尤

蚩尤 东汉 山东嘉祥武氏祠 石

蚩尤 东汉 山东临沂 石

蚩尤 东汉 四川 砖

中国汉画大图典

人物 蚩尤猛将力士 蚩尤

蚩尤　东汉　山东临沂　石

蚩尤　东汉　山东沂南北寨　石

力士图　东汉　山东嘉祥武氏祠　石

力士图　东汉　山东滕州　石

力士图　东汉　江苏徐州　石

中国汉画大图典

人物
蚩尤猛将力士
猛将力士

力士　拔树　东汉　江苏徐州　石

力士　拔树　东汉　山东嘉祥武氏祠　石

力士　拔树　东汉　山东滕州　石

力士　搏牛　东汉　山东嘉祥武氏祠　石

力士　搏猪　东汉　山东嘉祥武氏祠　石

力士　降虎熊　东汉　山东嘉祥武氏祠　石

人物　蚩尤猛将力士　猛将力士

力士　持剑　东汉　山东滕州　石

力士　东汉　山东滕州　石

力士　持剑拥盾　东汉　江苏徐州　石

力士　持钺　东汉　山东滕州　石

力士　负重　背巨鹿　东汉　江苏徐州　石

人物 | 蚩尤猛将力士 | 猛将力士

力士　负重　举鼎　东汉　江苏徐州　石

力士　负重　东汉　江苏徐州　石

力士　降虎　东汉　江苏徐州　石

力士　降虎　东汉　山东滕州　石

榜题 成荆 东汉 河南 砖

榜题 夏育 东汉 河南 砖

子路等三勇士 西汉 山东邹城郭里卧虎山 石

榜题 老子　东汉　山东兖州　石

榜题 老子也　东汉　山东嘉祥　石

老子　东汉　山东长清孝堂山　石

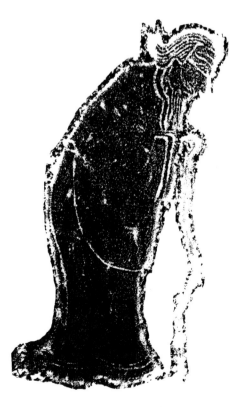

老子　东汉　山东嘉祥　石

人物故事

人物

圣贤明君名臣

圣贤

中国汉画大图典

人物

圣贤明君名臣

圣贤

老子　东汉　山东嘉祥　石

老子　东汉　山东邹城　石

榜题　孔子　东汉　山东长清孝堂山　石

榜题　孔子也　东汉　山东嘉祥　石

孔子　东汉　山东嘉祥　石

孔子　东汉　山东嘉祥　石

孔子与老子　东汉　山东费县刘家疃　石

人物故事

人物

圣贤明君名臣

圣贤

人物 圣贤明君名臣 圣贤

孔子问礼于老子（榜题 孔子） 东汉 山东长清孝堂山 石

孔子问礼于老子（榜题 老子 孔子） 东汉 四川新津 石

孔子问礼于老子（榜题 老子 孔子）
东汉 山东嘉祥纸坊镇敬老院 石

孔子问礼于老子（榜题 老子 孔子也 孔子车） 东汉 山东嘉祥武氏祠 石

孔子问礼于老子（榜题 老子也 孔子也） 东汉 山东嘉祥齐山 石

孔子问礼于老子（榜题 老子 孔子也） 东汉 山东嘉祥武氏祠 石

孔子问礼于老子　东汉　山东博物馆藏　石

孔子问礼于老子（榜题　老子　孔子）　东汉　山东滕州　石

孔子问礼于老子（局部）（榜题　老子　孔子）　东汉　山东滕州　石

孔子问礼于老子　东汉　江苏睢宁九女墩　石

孔子问礼于老子（榜题 老子也 孔子也 颜回 子路 子张） 东汉 山东嘉祥齐山 石

孔子问礼于老子 东汉 山东东阿邓庙 石

孔子问礼于老子 东汉 山东长清孝堂山 石

孔子问礼于老子　东汉　山东梁山　石

孔子问礼于老子　东汉　江苏邳州占城祠堂　石

孔子问礼于老子　东汉　江苏徐州贾汪白集　石

孔子问礼于老子　东汉　山东石刻艺术博物馆藏　石

孔子问礼于老子　东汉　山东滕州　石

孔子问礼于老子　东汉　山东博物馆藏　石

孔子问礼于老子　东汉　山东嘉祥　石

孔子问礼于老子　东汉　山东嘉祥　石

孔子问礼于老子　东汉　山东嘉祥武氏祠　石

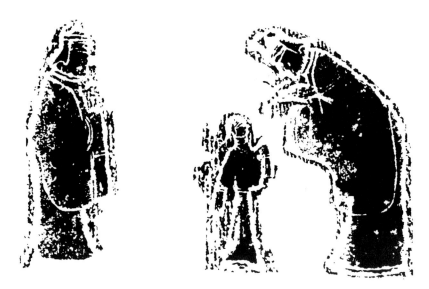
孔子问礼于老子　东汉　山东嘉祥　石

中国汉画大图典

人物

圣贤明君名臣

圣贤

孔子问礼于老子　东汉　山东邹城　石

孔子问礼于老子　东汉　山东汶上　石

孔子问礼于老子　东汉　安徽宿县褚兰宝光寺　石

孔子问礼于老子　东汉　山东嘉祥五老洼村　石

孔子问礼于老子　东汉　山东嘉祥武氏祠西阙　石

孔子问礼于老子　东汉　山东嘉祥纸坊镇敬老院　石

孔子问礼于老子　东汉　山东微山　石

孔子问礼于老子　东汉　山东博物馆藏　石

孔子问礼于老子
东汉　河南南阳市文物考古研究所藏　砖

孔子问礼于老子　东汉　陕西绥德　石

孔子问礼于老子　东汉　山东嘉祥　石

孔子问礼于老子　东汉　山东邹城　石

孔子问礼于老子（榜题　孔子）　东汉　山东滕州　石

人物

圣贤明君名臣

圣贤

孔子问礼于老子
东汉　山东沂南北寨　石

孔子问礼于老子
东汉　山东滕州　石

孔子与项橐
东汉　江苏邳州庞口村　石

孔子问礼于老子　东汉　河南新野　砖

孔子与项橐　东汉　山东嘉祥武氏祠西阙　石

项橐（榜题　□□□）东汉　山东嘉祥　石

项橐　东汉　山东嘉祥　石

榜题　长款　孔子　何馈　东汉　山东嘉祥武氏祠　石

榜题　颜回　东汉　山东嘉祥　石

榜题　子贡　东汉　山东博物馆藏　石

榜题 子路 东汉 山东嘉祥 石

榜题 子路 东汉 山东嘉祥武氏祠 石

榜题 子路 东汉 山东嘉祥武氏祠 石

榜题 子路 东汉 山东嘉祥 石

人物故事

人物

圣贤明君名臣

圣贤

人物

圣贤明君名臣

圣贤

榜题 子张 东汉 山东嘉祥 石

子路 西汉 山东邹城郭里卧虎山 石

榜题 王子 陈子□ 陈子禽 □子□ 东汉 山东嘉祥（瑞典博物馆藏） 石

孔门弟子（榜题 子贡） 东汉 山东博物馆藏 石

孔门弟子之一　东汉　山东嘉祥武氏祠　石

孔门弟子之二　东汉　山东嘉祥武氏祠　石

孔门弟子之三　东汉　山东嘉祥武氏祠　石

孔门弟子之四　东汉　山东嘉祥武氏祠　石

孔门弟子之五　东汉　山东嘉祥武氏祠　石

中国汉画大图典

孔门弟子之一（局部） 东汉 山东嘉祥武氏祠 石

人物

圣贤明君名臣 圣贤

孔门弟子之一（局部） 东汉 山东嘉祥武氏祠 石

孔门弟子之一（局部）　东汉　山东嘉祥武氏祠　石

孔门弟子之一（局部）　东汉　山东嘉祥武氏祠　石

人物故事

圣贤明君名臣

圣贤

孔门弟子之二（局部） 东汉 山东嘉祥武氏祠 石

孔门弟子之二（局部） 东汉 山东嘉祥武氏祠 石

孔门弟子之二（局部） 东汉 山东嘉祥武氏祠 石

孔门弟子之三（局部） 东汉 山东嘉祥武氏祠 石

孔门弟子之三（局部） 东汉 山东嘉祥武氏祠 石

孔门弟子之三（局部） 东汉 山东嘉祥武氏祠 石

孔门弟子之三（局部） 东汉 山东嘉祥武氏祠 石

人物故事

圣贤明君名臣 圣贤

人物

圣贤明君名臣 圣贤

孔门弟子之五（局部） 东汉 山东嘉祥武氏祠 石

孔门弟子之三（局部） 东汉 山东嘉祥武氏祠 石

孔门弟子之三（局部） 东汉 山东嘉祥武氏祠 石

孔门弟子之五（局部） 东汉 山东嘉祥武氏祠 石

人物故事

圣贤明君名臣

圣贤

孔门弟子之四（局部） 东汉 山东嘉祥武氏祠 石

孔门弟子之五（局部） 东汉 山东嘉祥武氏祠 石

孔门弟子之五（局部） 东汉 山东嘉祥武氏祠 石

人物故事

圣贤明君名臣 圣贤

人物

圣贤明君名臣 圣贤

孔门弟子之四（局部） 东汉 山东嘉祥武氏祠 石

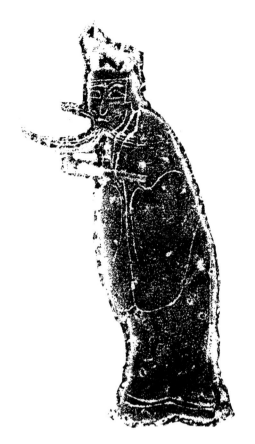

孔门弟子 东汉 山东 石

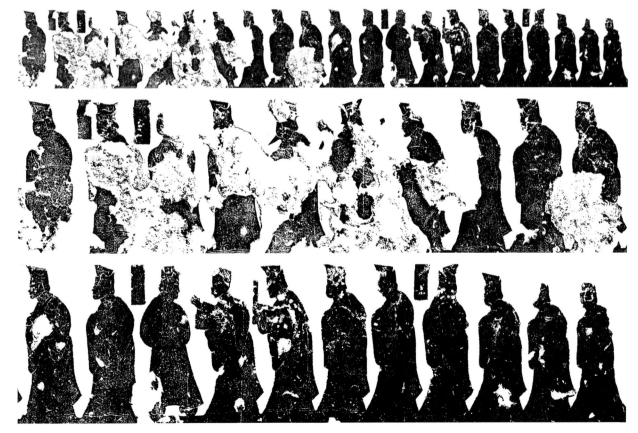

孔门弟子 东汉 山东嘉祥武氏祠前后室西壁 石

周公辅成王　东汉　江苏徐州　石

周公辅成王　东汉　江苏徐州铜山张集　石

周公辅成王　东汉　山东长清孝堂山　石

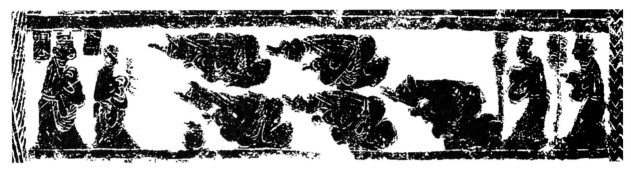

周公辅成王（榜题 周公 成王） 东汉 江苏邳州庞口村 石

周公辅成王 东汉 江苏徐州 石

周公辅成王（榜题 周公 成王）
东汉 山东临沂 石

周公辅成王 东汉 山东嘉祥 石

人物故事

人物 圣贤明君名臣 明君名臣

周公辅成王（榜题 太子） 东汉 山东嘉祥纸坊镇 石

周公辅成王（榜题 周公 召公 成王） 东汉 山东嘉祥纸坊镇敬老院 石

孔门弟子　东汉　山东济宁　石

孔门弟子　东汉　山东济宁　石

人物

圣贤明君名臣

圣贤

孔门弟子　东汉　山东济宁　石

孔门弟子　东汉　山东长清孝堂山　石

孔门弟子　东汉　河南　石

孔门弟子　东汉　山东济宁　石

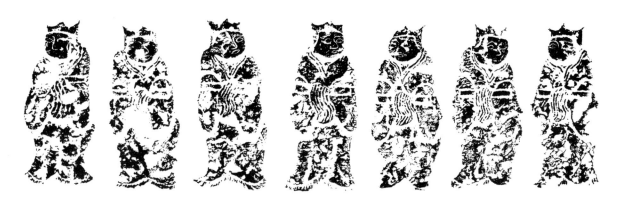

孔门弟子　东汉　山东济宁　石

孔门弟子　东汉　山东长清孝堂山　石

孔门弟子　东汉　山东长清孝堂山　石

孔门弟子　东汉　山东长清孝堂山　石

周公辅成王　东汉　山东长清孝堂山　石

周公辅成王　东汉　山东嘉祥蔡氏园　石

周公辅成王　东汉　山东嘉祥五老洼村　石

周公辅成王　东汉　山东嘉祥宋山　石

中国汉画大图典

人物 圣贤明君名臣 明君名臣

周公辅成王　东汉　山东嘉祥南武山　石

周公辅成王　东汉　山东嘉祥武氏祠　石

周公辅成王　东汉　山东嘉祥武氏祠东阙子阙前部　石　　周公辅成王　东汉　山东嘉祥武氏祠西阙子阙后部　石

周公辅成王　东汉　山东嘉祥武氏祠　石

周公辅成王　东汉　山东嘉祥武氏祠　石

人物故事

圣贤明君名臣　明君名臣

周公辅成王　东汉　山东莒县东莞　石

人物

圣贤明君名臣

明君名臣

周公辅成王　东汉　山东曲阜董庄　石

周公辅成王　东汉　山东　石

周公辅成王 东汉 山东沂南北寨 石

人物 圣贤明君名臣 明君名臣

周公辅成王　东汉　山东滕州　石

周公辅成王　东汉　陕西绥德　石

周公辅成王　东汉熹平三年（174）安徽灵璧　石

榜题　吴王
东汉　传浙江绍兴出土（上海博物馆藏）铜

榜题　吴王
东汉　传浙江绍兴出土（上海博物馆藏）铜

榜题　越王　范蠡
东汉　传浙江绍兴出土（上海博物馆藏）　铜

榜题　越王　范蠡
东汉　传浙江绍兴出土（上海博物馆藏）　铜

榜题　忠臣伍子胥
东汉　传浙江绍兴出土（上海博物馆藏）　铜

榜题　忠臣伍子胥
东汉　传浙江绍兴出土（上海博物馆藏）　铜

西施与郑旦（榜题　王女二人）
东汉　传浙江绍兴出土（上海博物馆藏）　铜

西施郑旦
东汉　传浙江绍兴出土（上海博物馆藏）　铜

人物故事

人物 圣贤明君名臣 明君名臣

榜题　皋陶　关龙逢　东汉　山东嘉祥（瑞典博物馆藏）　石

榜题　令（蔺）相如　孟犇　东汉　山东沂南北寨　石

晏婴　东汉　山东嘉祥　石　　　　　榜题　齐相晏子　东汉　山东嘉祥　石

榜题　齐侍郎　苏武　管叔　东汉　山东沂南北寨　石

人物

圣贤明君名臣

明君名臣

榜题 燕王 王相 将军 东汉 河南禹州 砖

榜题 太尉 车骑将军 司徒 司空 大鸿胪（卢） 东汉 山东滕州 石

榜题 王将军 使者君 东汉 河南新野 砖

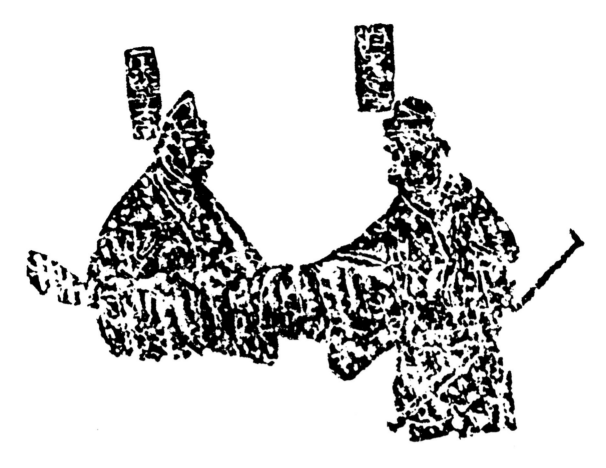

榜题　东海太守　墨□□　东汉　四川新津　石

榜题　东海太守良中李少□　东汉　四川合江　石

人物　各级官吏及侍属　官吏

榜题　故太守　东汉　山东嘉祥五老洼村　石

持刀武卫　东汉　河南南阳　石

持剑门吏　东汉　河南许昌　砖

从吏　东汉　山东临沂吴白庄　石

从吏　东汉　山东临沂吴白庄　石

从吏
东汉　山东临沂吴白庄　石

捧物从吏
东汉　山东长清孝堂山　石

戴笠侍卫
西汉　河南唐河针织厂　石

人物 各级官吏及侍属 官吏

戴笠侍卫　西汉　河南唐河针织厂　石

三吏图　东汉　山东滕州　石

亭长　东汉　四川成都　石

亭长　东汉　四川成都　砖

人物故事

文吏 东汉 河南新密 砖

执铍小吏 西汉晚期至东汉早期 河南新密 砖

执铍小吏 西汉晚期至东汉早期 河南新密 砖

执铍小吏 西汉晚期至东汉早期 河南新密 砖

各级官吏及侍属 官吏

击鼓迎谒人物（门扉局部）　东汉　陕西绥德　石

击鼓迎谒人物（门扉局部）　东汉　陕西绥德　石

击鼓迎谒人物　东汉　山东　石

击鼓迎谒人物　东汉　山东　石

人物 | 各级官吏及侍属 | 迎谒人物

击鼓迎谒人物　东汉　山东苍山兰陵　石

击鼓迎谒人物　东汉　山东苍山兰陵　石

击鼓迎谒人物　东汉　山东泰安乾家堡　石

击鼓迎谒人物　东汉　山东泰安乾家堡　石

击鼓迎谒人物　东汉　山东滕州　石

击鼓迎谒人物　东汉　山东滕州　石

击鼓迎谒人物　东汉　山东滕州大郭　石

击鼓迎谒人物　东汉　山东滕州宏道院　石

击鼓迎谒人物　东汉　山东邹城　石

击鼓迎谒人物　东汉　四川彭州太平乡　砖

击鼓迎谒人物　新莽天凤五年（18）　河南唐河湖阳辛店　石

捧盾迎谒人物 东汉 江苏徐州 石

捧盾迎谒人物 东汉 江苏徐州 石

人物

各级官吏及侍属 迎谒人物

捧盾迎谒人物　东汉　山东滕州大郭　石

迎谒人物　东汉　成都　砖

迎谒人物　东汉　安徽宿县褚兰墓山孜　石

迎谒人物　东汉　河南南阳　石

迎谒人物　东汉　安徽宿县褚兰墓山孜　石

迎谒人物　东汉　河南南阳　石

迎谒人物　东汉　河南登封太室阙　石

迎谒人物　东汉　河南汝州　砖

迎谒人物　东汉　河南郑州　砖

迎谒人物　东汉　河南新野　砖

迎谒人物　东汉　江苏徐州　石

迎谒人物　东汉　江苏徐州　石

人物　各级官吏及侍属　迎谒人物

迎谒人物　东汉　江苏徐州　石

迎谒人物　东汉　山东长清孝堂山　石

迎谒人物　东汉　山东　石

迎谒人物　东汉　山东嘉祥武氏祠前石室第四石　石

迎谒人物　东汉　山东滕州　石

迎谒人物　东汉　山东邹城　石

迎谒人物　东汉　山东滕州大郭　石

迎谒人物　东汉　山东滕州西户口村　石

迎谒人物　东汉　陕西绥德　石

迎谒人物　东汉　陕西绥德　石　　　　　　　迎谒人物　东汉　四川长宁　石

迎谒人物　东汉　四川广汉　砖

迎谒人物　东汉　四川彭县　砖

迎谒人物　东汉　四川彭州　砖

迎谒人物　东汉　四川郫县　石

迎谒人物　东汉　四川新津　砖

拜谒人物（榜题 孙自） 西汉晚期至东汉早期 河南新密 砖

拜谒人物 东汉 河南 石

拜谒人物 东汉 河南 石

拜谒人物 东汉 河南南阳 石

拜谒人物　东汉　河南南阳　石　　　　　　拜谒人物　东汉　河南新野　砖

人物　各级官吏及侍属　拜谒人物

拜谒人物　东汉　河南南阳　石　　　　　　拜谒人物　东汉　河南新野　砖

拜谒人物　东汉　江苏徐州　石

拜谒人物　东汉　江苏徐州　石

拜谒人物　东汉　江苏徐州　石

拜谒人物　东汉　江苏徐州　石

拜谒人物　东汉　江苏徐州　石

拜谒人物　东汉　山东　石

拜谒人物　东汉　山东　石

拜谒人物　东汉　山东　石

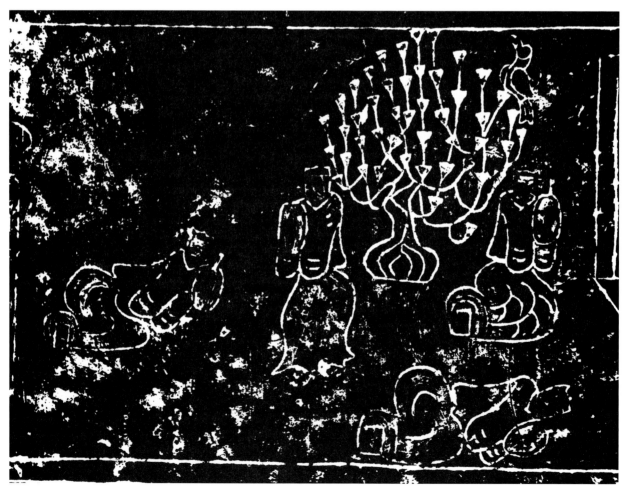

拜谒人物　东汉　山东安丘王封　石

拜谒人物　东汉　山东长清孝堂山　石

拜谒人物　东汉　山东长清孝堂山　石

拜谒人物　东汉　山东长清孝堂山　石

拜谒人物　东汉　山东长清孝堂山　石　　　　　**拜谒人物**　东汉　山东长清孝堂山　石

拜谒人物　东汉　山东　石

拜谒人物　东汉　山东东平后魏雪　石

拜谒人物　东汉　山东嘉祥　石

拜谒人物　东汉　山东嘉祥　石

拜谒人物　东汉　山东嘉祥　石

拜谒人物　东汉　山东嘉祥　石

拜谒人物　东汉　山东嘉祥武氏祠　石

拜谒人物　东汉　山东嘉祥武氏祠　石

拜谒人物 东汉 山东临沂 石

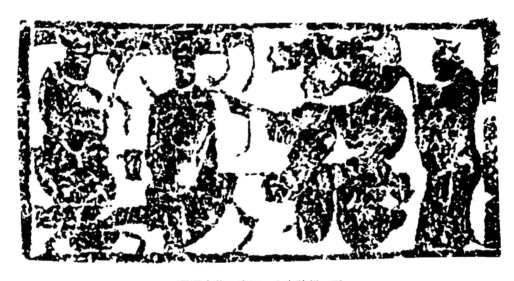

拜谒人物 东汉 山东滕州 石

拜谒人物 东汉 山东滕州 石

拜谒人物　东汉　山东滕州　石

拜谒人物　东汉　山东滕州　石

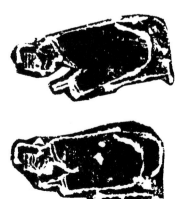

拜谒人物　东汉　山东汶上　石

拜谒人物　东汉　山东滕州　石

拜谒人物　东汉　山东沂南北寨　石

拜谒人物　东汉　山东沂南北寨　石

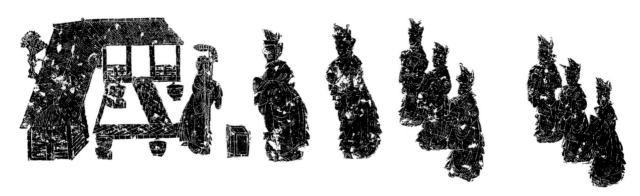

拜谒人物　东汉　山东沂南北寨　石

拜谒人物　东汉　山东邹城　石

拜谒人物　东汉　山东邹城前营　石

拜谒人物　东汉　陕西绥德　石

拜谒人物　东汉　陕西绥德　石

拜谒人物　东汉　陕西绥德　石

拜谒人物　东汉　四川宜宾　石

拜谒人物　东汉　重庆璧山　石

拜谒图　东汉　山东临沂吴白庄　石

拜谒图（局部） 东汉 山东临沂吴白庄 石

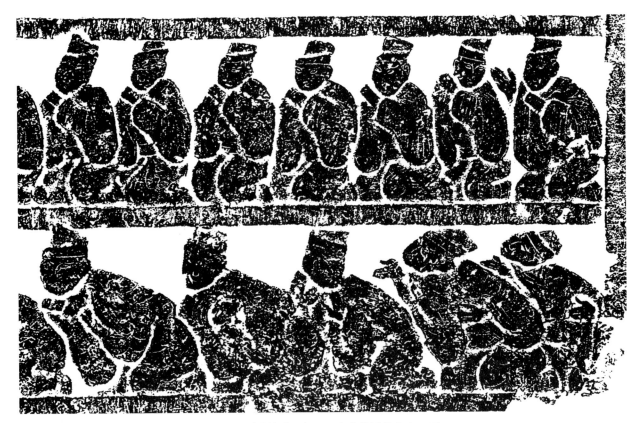

拜谒图（局部） 东汉 山东临沂吴白庄 石

拜谒图（局部） 东汉 山东临沂吴白庄 石

拜谒图（局部） 东汉 山东临沂吴白庄 石

拜谒人物 新莽天凤五年（18） 河南唐河湖阳辛店 石

拜谒人物　新莽天凤五年（18）　河南唐河湖阳辛店　石

拜谒人物　新莽天凤五年（18）　河南唐河湖阳辛店　石

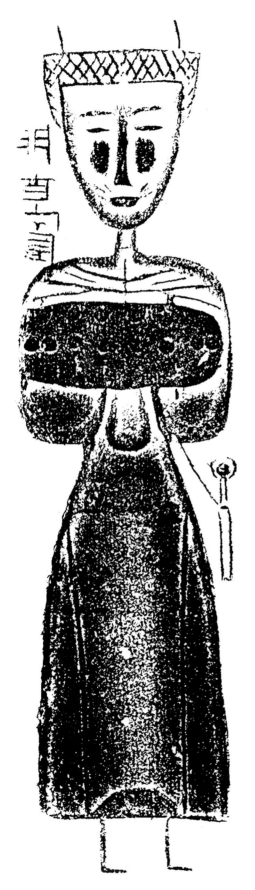

榜题　门亭长　东汉
河南（山东青岛崇汉轩汉画像砖博物馆藏）　砖

榜题　□大夫
东汉
河南（山东青岛崇汉轩汉画像砖博物馆藏）　砖

榜题　门亭长
东汉
河南（山东青岛崇汉轩汉画像砖博物馆藏）　砖

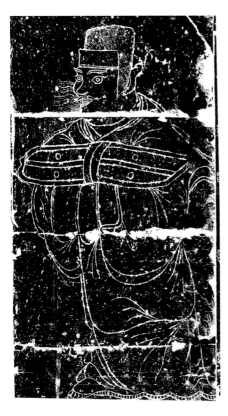

捧盾人物 东汉 安徽亳县十九里乡 石　　　　**捧盾人物** 东汉 安徽亳县十九里乡 石

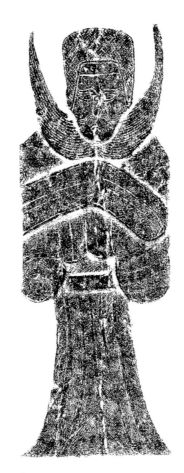

捧盾人物 东汉 安徽淮北 石　　**捧盾人物** 东汉 安徽淮北 石　　**捧盾人物** 东汉 河南 石

捧盾人物 东汉 河南方城东关 石

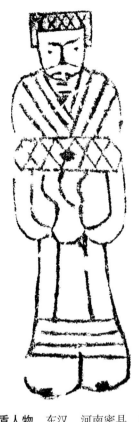 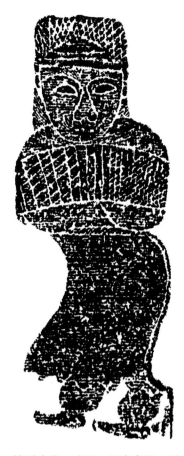 

捧盾人物 东汉 河南密县 砖　　**捧盾人物** 东汉 河南南阳 石　　**捧盾人物** 东汉 河南南阳 石

捧盾人物 东汉 河南南阳 石　　**捧盾人物** 东汉 河南南阳 石　　**捧盾人物** 东汉 河南南阳 石

捧盾人物 东汉
河南（山东青岛崇汉轩汉画像砖博物馆藏） 砖

  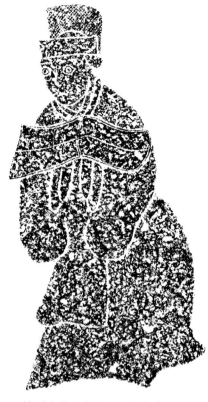

捧盾人物 东汉 河南南阳 石　　**捧盾人物** 东汉 河南南阳 石　　**捧盾人物** 东汉 河南商丘 石

捧盾人物 东汉 河南唐河 石　　**捧盾人物** 东汉 河南新野 砖　　**捧盾人物** 东汉 河南唐河 石

人物故事

人物 各级官吏及侍属 捧盾人物

中国汉画大图典

人物 各级官吏及侍属 捧盾人物

捧盾人物　东汉　河南新野　砖

捧盾人物　东汉　河南新野　砖

捧盾人物　东汉　河南新野　砖

捧盾人物　东汉　河南新野　砖

捧盾人物 东汉 河南新野 砖

捧盾人物 东汉 河南新野 砖

捧盾人物 东汉 河南新野 砖

捧盾人物 东汉 河南新野 砖

人物故事

人物 各级官吏及侍属 捧盾人物

人物 各级官吏及侍属 捧盾人物

捧盾人物　东汉　河南新野　砖

捧盾人物　东汉　河南新野　砖

捧盾人物　东汉　河南新野樊集　砖

捧盾人物　东汉　河南新野樊集　砖

捧盾人物　东汉　河南许昌　砖

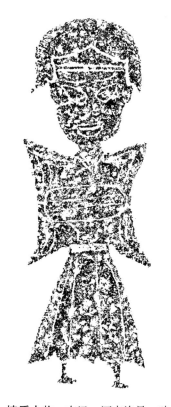

捧盾人物　东汉　河南许昌　砖

捧盾人物　东汉　河南许昌　砖

捧盾人物　东汉　河南许昌　砖

人物

各级官吏及侍属 捧盾人物

捧盾人物　东汉　河南许昌　砖

捧盾人物　东汉　河南郑州　砖

捧盾人物　东汉　河南郑州　砖

捧盾人物　东汉　河南郑州　砖

捧盾人物　东汉　河南郑州　砖

捧盾人物 东汉 河南郑州 砖　　**捧盾人物** 东汉 河南郑州 砖　　**捧盾人物** 东汉 河南南阳 石

捧盾人物 东汉 江苏徐州 石　　**捧盾人物** 东汉 山东济宁北郑庄 石　　**捧盾人物** 东汉 江苏徐州 石

捧盾人物 东汉 山东济宁旷山 石

捧盾人物 东汉 山东济宁旷山 石

捧盾人物 东汉 山东平度马戈庄 石

捧盾人物　东汉　山东临沂　石

捧盾人物　东汉　山东　石

捧盾人物　东汉　山东滕州　石

捧盾人物　东汉　山东微山　石

捧盾人物　东汉　山东微山　石

中国汉画大图典

人物

各级官吏及侍属 捧盾人物

捧盾人物　东汉　山东微山　石

捧盾人物　东汉　山东微山　石

捧盾人物　东汉　山东招远界河　石

捧盾人物　东汉　山东微山　石

捧盾人物 东汉 山东沂南北寨 石

捧盾人物 东汉 山东沂南北寨 石

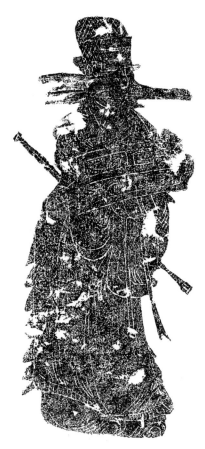
捧盾人物 东汉 山东沂南北寨 石

捧盾人物 东汉 山东沂南北寨 石

捧盾人物 东汉 山东邹城 石

捧盾人物 东汉 山东邹城 石

捧盾人物 东汉 山东邹城 石

捧盾人物 东汉 四川成都 砖

中国汉画大图典

人物 各级官吏及侍属 捧盾人物

捧盾执棨戟人物　东汉　四川成都　砖

捧盾人物 东汉 四川德阳柏隆乡 砖

捧盾人物 东汉 四川成都新都区新民乡 砖

捧盾人物 东汉 四川德阳 砖

捧盾人物 东汉 四川芦山 石

捧盾人物 东汉 四川彭山 石

捧盾人物 东汉 四川彭州 砖

捧盾人物　东汉　四川彭山　石

捧盾人物　东汉　四川　砖

捧盾人物　东汉　四川彭州太平乡　砖

捧盾人物　东汉　四川彭州义合乡　砖

捧盾人物（局部）　东汉　河南新野　砖

吹鞭人物（开道伍佰） 东汉 江苏徐州贾汪青山泉 石

吹鞭人物（开道伍佰） 东汉 山东嘉祥武氏祠 石

伍佰 东汉 山东嘉祥 石

吹鞭人物（开道伍佰） 东汉 四川彭州义合乡 砖

伍佰　东汉　山东济宁　石

伍佰　东汉　山东济宁　石

伍佰　东汉　山东济宁　石

伍佰　东汉　山东邹城　石

伍佰　东汉　山东嘉祥武氏祠　石

伍佰　东汉　山东微山　石

伍佰　东汉　山东沂南北寨　石

伍佰　东汉　山东微山　石

伍佰　东汉　山东微山　石

人物故事

人物　各级官吏及侍属　伍佰

伍佰　东汉　四川成都　砖

伍佰　东汉　四川成都　砖

伍佰　东汉　四川成都　砖

伍佰　东汉　四川成都　砖

伍佰　东汉　四川成都　砖

伍佰　东汉　四川成都　砖

伍佰　东汉　四川成都　砖

伍佰　东汉　四川成都新都区　砖

伍佰　东汉　四川成都新都区　砖

伍佰　东汉　四川成都新都区　砖

伍佰　东汉　四川成都新都区　砖

伍佰 东汉 四川成都新都区 砖　　　　　**伍佰** 东汉 四川成都新都区 砖

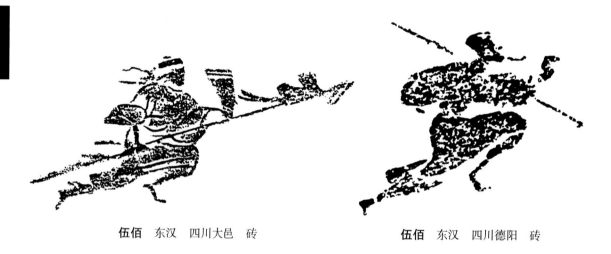

伍佰 东汉 四川大邑 砖　　　　　**伍佰** 东汉 四川德阳 砖

伍佰 东汉 四川德阳 砖　　　　　**伍佰** 东汉 四川广汉 砖

伍佰　东汉　四川彭州　砖

伍佰　东汉　四川彭州　砖

伍佰　东汉　四川彭州　砖

伍佰　东汉　四川彭州　砖　　　　　　　　伍佰　东汉　四川彭州　砖

人物

各级官吏及侍属　伍佰

伍佰　东汉　四川彭州　砖

执棒人物 东汉 河南南阳 石

执棒人物 东汉 河南南阳 石

执棒人物 东汉 河南南阳 石

执棒人物 东汉 河南南阳 石

中国汉画大图典

人物 各级官吏及侍属 执棒人物

执棒人物 东汉 河南南阳 石

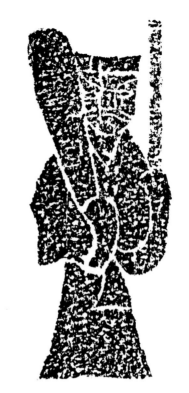

执棒人物 东汉 河南南阳 石

执棒人物 东汉 河南南阳 石

执棒人物 东汉 河南南阳 石

执棒人物 东汉 河南南阳 石

执棒人物 东汉 河南南阳 石

执棒人物 东汉 河南南阳 石

执棒人物 东汉 河南南阳 石

人物 | 各级官吏及侍属 | 执棒人物

执笏人物　东汉　安徽淮北　石　　　　　执笏人物　东汉　河南邓州　砖

执笏人物　东汉　河南邓州　砖　　　　　执笏人物　东汉　河南南阳　石

执笏人物 东汉 河南南阳 石　　**执笏人物** 东汉 河南南阳 石　　**执笏人物** 东汉 河南南阳 石

执笏人物 东汉 河南南阳 石　　**执笏人物** 东汉 河南南阳 石　　**执笏人物** 东汉 河南南阳 石

人物　各级官吏及侍属　执笏人物

人物

各级官吏及侍属 执笏人物

执笏人物　东汉　河南南阳　石

执笏人物　东汉　河南南阳　石

执笏人物　东汉　河南南阳　石

执笏人物　东汉　河南南阳　石

执笏人物　东汉　河南南阳　石

执笏人物　东汉　河南南阳　石

人物故事

各级官吏及侍属 执笏人物

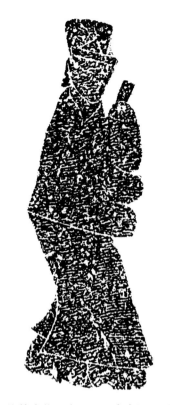
执笏人物　东汉　河南南阳　石

执笏人物　东汉　河南南阳　石

执笏人物　东汉　河南南阳　石

执笏人物　东汉　河南唐河　石

执笏人物　东汉　河南唐河　石

执笏人物　东汉　河南唐河　石

人物

各级官吏及侍属

执笏人物

执笏人物 东汉 河南唐河 石

执笏人物 东汉 河南唐河 石

执笏人物 东汉 河南唐河 石

执笏人物 东汉 河南唐河 石

执笏人物 东汉 河南唐河 石

执笏人物 东汉 河南唐河 石

执笏人物 东汉 河南唐河 石

执笏人物 东汉 河南唐河 石

执笏人物 东汉 河南新野 砖

执笏人物 东汉 河南新密 砖

执笏人物 东汉 河南新密 砖

执笏人物 东汉 河南新密 砖

人物故事

人物 各级官吏及侍属 执笏人物

执笏人物　东汉　河南南阳　石

执笏人物　东汉　河南永城　石

人物

各级官吏及侍属

执笏人物

执笏人物　东汉　河南禹州　砖

执笏人物　东汉　江苏徐州　石

执笏人物 东汉 江苏徐州 石

执笏人物 东汉 江苏徐州 石

执笏人物 东汉 江苏徐州 石

执笏人物 东汉 江苏徐州 石

执笏人物 东汉 江苏徐州 石

人物 各级官吏及侍属 执笏人物

执笏人物　东汉　江苏徐州　石

执笏人物　东汉　山东长清孝堂山　石

执笏人物　东汉　山东长清孝堂山　石

执笏人物　东汉　山东济宁旷山　石

执笏人物 东汉 山东济宁 石　　**执笏人物** 东汉 山东济宁北郑庄 石　　**执笏人物** 东汉 山东嘉祥 石

执笏人物 东汉 山东嘉祥 石　　**执笏人物** 东汉 山东嘉祥 石　　**执笏人物** 东汉 山东嘉祥 石

人物

各级官吏及侍属

执笏人物

执笏人物 东汉 山东嘉祥 石

执笏人物 东汉 山东嘉祥 石

执笏人物 东汉 山东嘉祥 石

执笏人物 东汉 山东嘉祥武氏祠 石

执笏人物 东汉 山东历城全福庄 石

执笏人物　东汉　山东梁山　石

执笏人物　东汉　山东梁山　石

执笏人物　东汉　山东临沂　石

执笏人物　东汉　山东临沂　石

人物 各级官吏及侍属 执笏人物

执笏人物　东汉　山东临沂　石

执笏人物　东汉　山东临沂　石

执笏人物　东汉　山东滕州　石

执笏人物　东汉　山东滕州　石

执笏人物　东汉　四川彭州　砖

执笏人物　东汉　山东滕州　石

执笏人物　东汉　山东滕州　石

执笏人物　东汉　山东滕州　石

执笏人物　东汉　山东微山　石

中国汉画大图典

人物

各级官吏及侍属 执笏人物

执笏人物 东汉 山东微山 石

执笏人物 东汉 山东微山 石

执笏人物 东汉 山东微山 石

执笏人物 东汉 山东微山 石

执笏人物 东汉 山东微山 石

执笏人物　东汉　山东微山　石

执笏人物　东汉　山东微山　石

执笏人物　东汉　山东微山　石

执笏人物　东汉　山东微山　石

执笏人物　东汉　山东微山　石

执笏人物　东汉　山东微山　石

人物故事

人物

各级官吏及侍属

执笏人物

执笏人物　东汉　山东微山　石

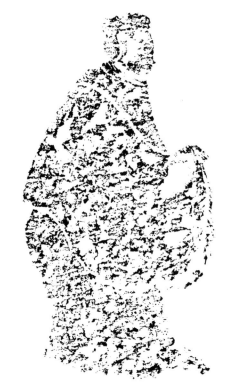
执笏人物　东汉　山东微山　石

执笏人物　东汉　山东沂南　石

执笏人物　东汉　山东新泰西柳　石

执笏人物 东汉 山东沂南 石

执笏人物 东汉 山东沂南 石

执笏人物 东汉 山东沂南北寨 石

执笏人物 东汉 山东沂南北寨 石

人物

各级官吏及侍属

执笏人物

执笏人物　东汉　山东沂南北寨　石

执笏人物　东汉　山东沂南北寨　石

执笏人物　东汉　山东沂南北寨　石

人物 各级官吏及侍属 执笏人物

执笏人物　东汉　山东诸城前凉台　石

执笏人物　东汉　山东邹城　石

执笏人物　东汉　山东邹城　石

执笏人物　东汉　山东邹城　石

执笏人物　东汉　山东邹城　石

执笏人物　东汉　山东邹城　石

执笏人物　东汉　山东邹城　石

执笏人物　东汉　山东邹城　石

执笏人物　东汉　山东邹城　石

执笏人物　东汉　山东邹城　石

执笏人物　东汉　山东邹城　石

执笏人物　东汉　山东邹城　石

执笏人物　东汉　山东邹城　石

执笏人物　东汉　山东邹城　石

执笏人物　东汉　山东邹城　石

执笏人物　东汉　山东邹城　石

执笏人物　东汉　山东邹城　石

执笏人物　东汉　山东邹城　石

执笏人物　东汉　山东邹城　石

执笏人物　东汉　山东邹城　石

执笏人物　东汉　山东邹城　石

执笏人物　东汉　陕西绥德　石

执笏人物　东汉　陕西绥德　石

执笏人物　东汉　陕西绥德　石

执笏人物　东汉　陕西绥德　石

执笏人物　东汉　陕西绥德　石

执笏人物　东汉　陕西绥德　石

执笏人物　东汉　四川新津　砖

执笏人物　东汉　四川彭州　砖

执笏人物　东汉　四川新津　砖

执笏人物　东汉　四川广汉　砖

执笏人物　东汉　四川广汉　砖

执笏人物　东汉　四川广汉　砖

执笏人物　东汉　四川新都　砖

执笏人物　东汉　四川新都　砖

执笏人物　东汉　四川新都　砖

执笏人物　西汉　河南唐河电厂　石　　执笏人物　东汉永元十年（98）　　执笏人物　新莽天凤五年（18）
　　　　　　　　　　　　　　　　　　　　　　　山东滕州　石　　　　　　　　　　河南唐河湖阳辛店　石

执笏人物　新莽天凤五年（18）　　　　执笏簪笔人物　东汉　山东沂南北寨　石
　　　　　河南唐河湖阳辛店　石

中国汉画大图典

人物 各级官吏及侍属 执笏人物

执笏簪笔人物　东汉　山东沂南北寨　石

执簪人物 东汉 山东微山 石

执簪人物 东汉 河南邓县 石

执簪人物 东汉 河南南阳 石

执簪人物 东汉 河南南阳 石

执簪人物 东汉 河南南阳 石

执簪人物 东汉 河南南阳 石

中国汉画大图典

人物 / 各级官吏及侍属 执簪人物

执簪人物 东汉 河南南阳 石

执簪人物 东汉 河南南阳 石

执簪人物 东汉 河南南阳 石

执簪人物 东汉 河南南阳 石

执簪人物 东汉 河南南阳 石

执簪人物 东汉 河南唐河 石

执簪人物 东汉 河南南阳 石　　**执簪人物** 东汉 河南南阳 石　　**执簪人物** 东汉 河南南阳 石

执簪人物 东汉 河南南阳 石　　**执簪人物** 东汉 河南南阳 石　　**执簪人物** 东汉 河南南阳 石

人物 各级官吏及侍属 执簪人物

执簪人物 东汉 河南唐河 石

执簪人物 东汉 江苏徐州 石

执簪人物 东汉 江苏徐州 石

执簪人物 东汉 江苏徐州 石

执簪人物 东汉 江苏徐州 石

执篲人物 东汉 江苏徐州 石　　　**执篲人物** 东汉 江苏徐州 石　　　**执篲人物** 东汉 江苏徐州 石

执篲人物 东汉 山东新泰西柳 石　　　**执篲人物** 东汉 山东临沂 石

执簪人物　东汉　山东沂南　石

执簪人物　东汉　山东嘉祥　石

执簪人物　东汉　山东沂南　石

执簪人物　东汉　山东沂南　石

执簪人物　东汉　江苏徐州　石

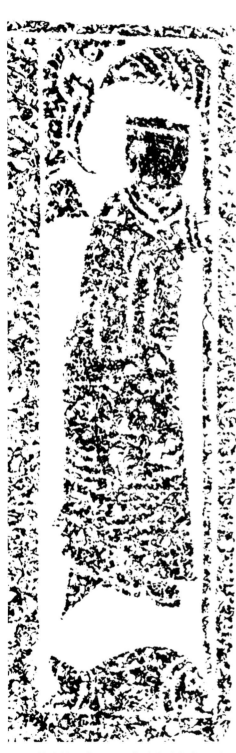

执簪人物　东汉　山东平度马戈庄　石

执簪人物　东汉　江苏徐州　石

人物　各级官吏及侍属　执簪人物

执篲人物 东汉 山东沂南 石　　**执篲人物** 东汉 山东沂南 石　　**执篲人物** 东汉 山东沂南 石

执篲人物 东汉 山东沂南 石　　**执篲人物** 东汉 山东招远界河 石

执簪人物 东汉 陕西米脂 石

执簪人物 东汉 陕西绥德 石

执簪人物 东汉 山东嘉祥武氏祠 石

执簪人物 东汉 陕西绥德 石

执簪人物 东汉 陕西绥德 石

执簪人物 东汉 陕西绥德 石

执簪人物 东汉 陕西吴堡 石

执簪人物 东汉 陕西吴堡 石

执簪人物 东汉 陕西榆林 石

执簪人物 东汉 陕西榆林 石

执簪人物 东汉 陕西榆林 石

执簪人物 东汉 陕西子洲 石

执棨戟人物　东汉　安徽淮北　石

执棨戟人物　东汉　安徽淮北　石

执棨戟人物　东汉　河南邓县　砖

执棨戟人物　东汉　安徽萧县　石

执棨戟人物　东汉　河北保定　石

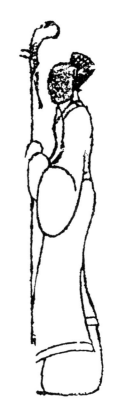
执棨戟人物　东汉　河南巩县　砖

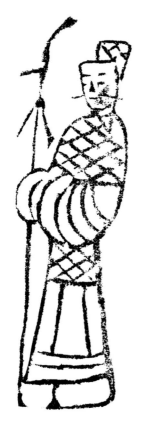  

执棨戟人物 东汉 河南密县 砖　　**执棨戟人物** 东汉 河南密县 砖　　**执棨戟人物** 东汉 河南密县 砖

执棨戟人物 东汉 河南南阳 石　　**执棨戟人物** 东汉 河南南阳 石　　**执棨戟人物** 东汉 河南南阳 石

执棨戟人物　东汉　河南南阳　石　　执棨戟人物　东汉　河南南阳　石　　执棨戟人物　东汉　河南南阳　石

执棨戟人物　东汉　河南南阳　砖　　执棨戟人物　东汉　河南唐河　砖　　执棨戟人物　东汉　河南新野樊集　砖

人物　各级官吏及侍属　执棨戟人物

人物

各级官吏及侍属

执棨戟人物

执棨戟人物　东汉　河南南阳　石

执棨戟人物　东汉　河南南阳　石

执棨戟人物　东汉　河南商丘　石

执棨戟人物　东汉　河南南阳　砖

执棨戟人物　东汉　河南南阳　砖

执棨戟人物（榜题　亭长）
东汉　河南淅川　砖

执棨戟人物 东汉 河南南阳 石　　**执棨戟人物** 东汉 河南南阳 石　　**执棨戟人物** 东汉 河南南阳 石

执棨戟人物 东汉 河南密县 砖　　**执棨戟人物** 东汉 河南密县 砖　　**执棨戟人物** 东汉 河南南阳 砖

执棨戟人物 东汉 河南南阳 石　　**执棨戟人物** 东汉 河南南阳 石　　**执棨戟人物** 东汉 河南南阳 石

执棨戟人物 东汉 河南密县 砖　　**执棨戟人物** 东汉 河南密县 砖　　**执棨戟人物** 东汉 河南密县 砖

执棨戟人物　东汉　安徽萧县　石

执棨戟人物　东汉　河南南阳　石

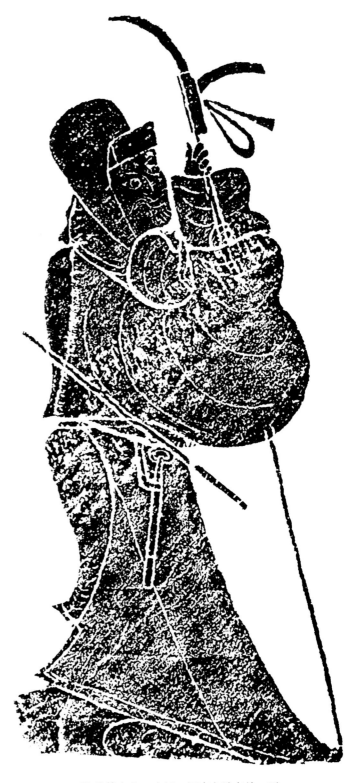

执棨戟人物　东汉　河南方城东关　石

人物　各级官吏及侍属　执棨戟人物

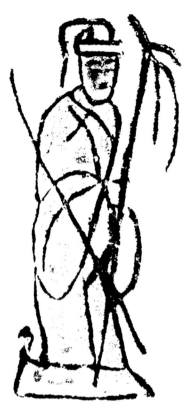  

执棨戟人物　东汉　河南密县　砖　　　执棨戟人物　东汉　河南南阳　石　　　执棨戟人物（榜题 门亭长）
　　　　　　　　　　　　　　　　　　　　　　　　　　　　　　　　　　　　　东汉　河南淅州　砖

执棨戟人物　东汉　河南南阳　砖　　　　执棨戟人物　东汉　河南南阳　石

执棨戟人物　东汉　河南南阳　石

执棨戟人物　东汉　河南唐河　石

执棨戟人物　东汉　河南新野　砖

执棨戟人物　东汉　河南新野　砖

执棨戟人物　东汉　河南唐河　石

执棨戟人物　东汉　河南新野　砖

执棨戟人物　东汉　河南新野　砖　　　执棨戟人物　东汉　河南新野　砖　　　执棨戟人物　东汉　河南新野　砖

执棨戟人物　东汉　河南新野樊集　砖　　　执棨戟人物　东汉　河南新野樊集　砖

执棨戟人物　东汉　河南许昌　砖

执棨戟人物　东汉　河南许昌　砖

执棨戟人物　东汉　河南许昌　砖

执棨戟人物　东汉　河南许昌　砖

执棨戟人物　东汉　河南许昌　砖

执棨戟人物　东汉　江苏徐州　石

人物故事

人物 各级官吏及侍属 执棨戟人物

213

人物

各级官吏及侍属

执棨戟人物

执棨戟人物 东汉 河南永城 石

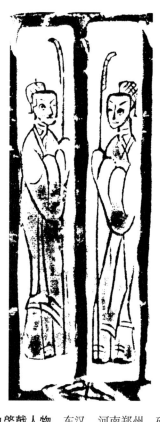
执棨戟人物 东汉 河南郑州 砖

执棨戟人物 东汉 河南郑州 砖

执棨戟人物 东汉 河南郑州 砖

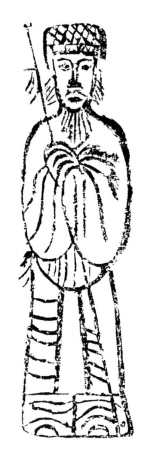
执棨戟人物 东汉 河南郑州 砖

执棨戟人物 东汉 河南郑州 砖

执棨戟人物　东汉　江苏徐州　石　　执棨戟人物　东汉　江苏徐州　石　　执棨戟人物　东汉　江苏徐州　石

 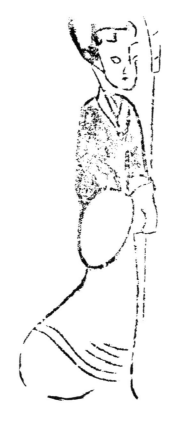 

执棨戟人物　东汉　江苏徐州　石　　执棨戟人物　东汉　河南郑州　砖　　执棨戟人物　东汉　江苏徐州　石

人物　各级官吏及侍属　执棨戟人物

执棨戟人物　东汉　江苏徐州　石

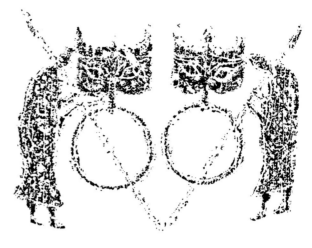
执棨戟人物　东汉　江苏徐州　石

人物
各级官吏及侍属
执棨戟人物

执棨戟人物　东汉
山东长清孝堂山　石

执棨戟人物　东汉
山东肥城北大留　石

执棨戟人物　东汉
山东济宁　石

执棨戟人物
东汉　山东金乡　石

执棨戟人物
东汉　山东济宁　石

执棨戟人物
东汉　山东济宁萧王庄　石

执棨戟人物　　　　　　　　　**执棨戟人物**　　　　　　**执棨戟人物**
东汉　山东济宁萧王庄　石　　　东汉　山东临沂　石　　　东汉　山东梁山茶庄　石

执棨戟人物　东汉　山东济宁　石　　　　　　　**执棨戟人物**　东汉　山东济宁　石

执棨戟人物　东汉　山东临沂吴白庄　石　　　**执棨戟人物**　东汉　山东临沂吴白庄　石

执棨戟人物　东汉　山东　石　　　执棨戟人物　东汉　山东微山　石　　　执棨戟人物　东汉　山东微山　石

人物

各级官吏及侍属

执棨戟人物

执棨戟人物　东汉　山东微山　石　　　执棨戟人物　东汉　山东微山　石

执棨戟人物　东汉　山东兖州　石

执棨戟人物　东汉　山东微山　石

执棨戟人物　东汉　山东兖州　石

执棨戟人物　东汉　山东兖州　石

执棨戟人物　东汉　山东微山　石

执棨戟人物　东汉　山东微山　石

执棨戟人物　东汉　山东沂南　石

执棨戟人物
东汉　山东汶上　石

执棨戟人物
东汉　山东新泰西柳　石

执棨戟人物
东汉　山东邹城　石

执棨戟人物　东汉　山东沂南北寨　石

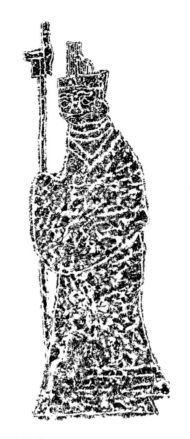
执棨戟人物　东汉　山东邹城　石

执棨戟人物　东汉　山东邹城　石

执棨戟人物　东汉　山东邹城　石

执棨戟人物　东汉　山东邹城　石

执棨戟人物　东汉　山东邹城　石

执棨戟人物　东汉　山东邹城　石

执棨戟人物　东汉　陕西米脂　石

执棨戟人物　东汉　陕西绥德　石

中国汉画大图典

人物 / 各级官吏及侍属 / 执棨戟人物

执棨戟人物 东汉 山东邹城 石

执棨戟人物 东汉 山东邹城 石

执棨戟人物 东汉 陕西绥德 石

执棨戟人物
东汉 陕西绥德 石

执棨戟人物
东汉 陕西榆林 石

执棨戟人物
东汉 陕西榆林 石

执棨戟人物
东汉 陕西子洲 石

执棨戟人物
东汉 陕西榆林 石

222

执棨戟人物　东汉　四川新津　石

执棨戟人物　东汉　四川彭县　砖

人物

各级官吏及侍属　执棨戟人物

执棨戟人物　西汉　河南洛阳　砖

执棨戟人物　西汉　河南洛阳　砖

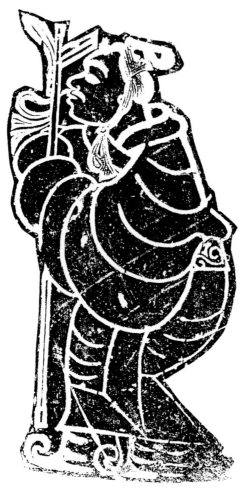
执棨戟人物　西汉　河南洛阳　砖

执棨戟人物　西汉　河南洛阳　砖

执棨戟人物　东汉　四川成都　砖

执棨戟人物　东汉　四川大邑　砖

执棨戟人物　东汉　陕西子洲　石

执棨戟人物　西汉　河南洛阳　砖

执棨戟人物　西汉　河南洛阳　砖

执棨戟执箠人物　东汉　山东济宁城南张　石

执棨戟执箠人物　东汉　山东济宁　石

带刀及盾人物 东汉　河南郑州　砖

带刀人物 东汉　河南淅川　砖

带棍状物人物 东汉　河南新野　砖

带钺人物 东汉　河南郑州　砖

坐榻上许阿瞿（榜题 许阿瞿） 东汉 河南南阳 石

登梯送食人物 东汉 山东嘉祥武氏祠 石

对晤人物 东汉 河南唐河 砖

男女主人不同的社会生活形式　东汉　山东嘉祥武氏祠　石

男女主人不同的社会生活形式　东汉　山东嘉祥武氏祠　石

男女主人不同的社会生活形式　东汉　山东嘉祥武氏祠　石

男女主人及侍从　东汉　山东嘉祥　石

男主人及侍从　东汉　河南登封启母阙　石

人物故事

人物 主人及侍属 主人

人物 主人及侍属 主人

男主人及侍从　东汉　河南南阳　石

男主人及侍从　东汉　山东新泰西柳　石

男主人及侍从　东汉　江苏徐州　石

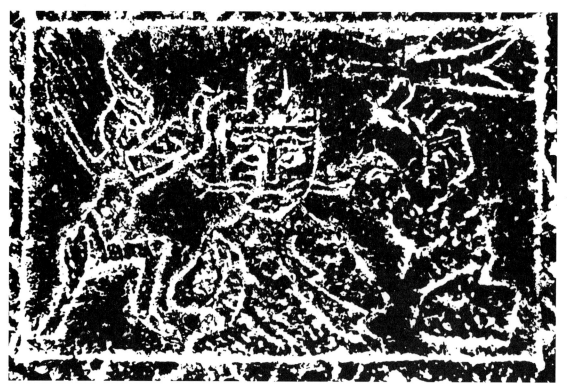
男主人及侍从　东汉　山东邹城城关　石

男主人及侍从
东汉　山东邹城　石

男主人　新莽天凤五年（18）
河南唐河湖阳辛店　石

男主人及男女侍从　东汉　山东苍山　石

男主人及男女侍从　东汉　山东邹城郭里　石

奉食女主人　东汉　山东嘉祥武氏祠　石

女主人与女侍　东汉　山东费县　石

人物

主人及侍属 主人

女主人　东汉　河南　石

女主人　东汉　山东费县　石

女主人及侍从　东汉　山东济宁　石

人物故事

女主人及侍从　东汉　山东嘉祥武氏祠　石

女主人及侍从　东汉　山东嘉祥武氏祠　石

女主人与宾客及侍从　东汉　山东嘉祥武氏祠　石

倚于凭几主人　东汉　山东滕州　石

人物 主人及侍属 主人

女主人及侍从　东汉　山东微山　石

女主人与拥篲侍者　东汉　江苏睢宁　石

女主人及侍从　东汉　浙江海宁　石

倚于凭几主人　东汉　山东滕州　石

倚于凭几主人　东汉　山东滕州　石

倚于凭几主人　东汉　山东滕州　石

男女主人与宾客及从侍　东汉　山东微山　石

主人与宾客及侍从　东汉　江苏徐州　石

主人与宾客及侍从　东汉　江苏徐州　石

奏事人物　东汉　河南登封启母阙　石　　　**奏事人物**　东汉　河南邓县　石

奏事人物　东汉　山东济宁城南张　石　　　**坐榻上男女主人**　东汉　江苏徐州　石

奏事人物　东汉　陕西绥德　石

坐榻上男女主人　东汉　陕西米脂　石

坐榻上女主人　东汉　山东济宁　石

坐榻上女主人
东汉　山东微山　石

坐榻上女主人　新莽天凤五年（18）
河南唐河湖阳辛店　石

坐榻上主人　东汉　江苏徐州　石

人物故事

人物 主人及侍属 主人

中国汉画大图典

人物 主人及侍属 女仆从

持便面女侍 东汉 山东嘉祥武氏祠 石

持灯女侍 东汉 河南南阳七里园 石

持炉女侍 东汉 河南南阳英庄 石

持灯捧物女侍 东汉 河南南阳 石

持短把帚女侍 东汉 山东新泰西柳 石

持镜台女侍　东汉　山东沂南北寨　石

持巾穿大翻领衣女侍 东汉 山东沂南北寨 石

持奁穿翻领衣女侍 东汉 山东沂南北寨 石

人物故事

人物 主人及侍属 女仆从

二女立侍　东汉　河南博物院藏　石

二女立侍　东汉　山东微山两城　石

三女立侍　东汉　河南新野后岗　砖

持炉女侍　东汉　河南南阳英庄　石

女侍　东汉　河南南阳　石

女侍　东汉　河南南阳　石

女侍　东汉　河南南阳　石

女侍
东汉　山东新泰　石

女侍
东汉　山东邹城　石

执镜执瓶女侍
东汉　河南南阳英庄　石

女侍　东汉　四川成都　砖

女侍　东汉　四川成都　砖

捧奁女侍　东汉　河南博物院藏　石

捧奁女侍　东汉　河南南阳　石

捧奁女侍　东汉　河南南阳英庄　石

中国汉画大图典

人物 主人及侍属 女仆从

捧奁女侍 东汉 河南南阳 石　　**捧奁女侍** 东汉 河南南阳 石　　**捧奁女侍** 东汉 河南南阳 石

捧奁女侍 东汉 河南南阳 石　　**捧奁女侍** 东汉 河南南阳 石　　**捧奁女侍** 东汉 河南南阳 石

捧奁女侍
东汉 河南南阳 石

捧炉女侍
东汉 河南南阳 石

提卣捧奁女侍
东汉 河南南阳 石

捧奁女侍
东汉 四川彭山 石

捧奁女侍 新莽天凤五年（18）
河南唐河湖阳辛店 石

提壶捧奁女侍 东汉
河南南阳 石

人物 主人及侍属 男仆从

持便面侍从　东汉　河南南阳　石

奉食奏事人物　东汉　山东临沂　石

持便面侍从　东汉　山东邹城　石　　　　持便面侍从　东汉　江苏徐州　石

人物故事

登梯送烤肉串人物　东汉　山东微山　石

持物侍从　东汉　四川成都　石

人物 主人及侍属 男仆从

马夫　东汉　山东沂南北寨　石

马夫　东汉　山东沂南北寨　石

马夫　东汉　山东沂南北寨　石

马夫　东汉　山东沂南北寨　石

马夫　东汉　山东沂南北寨　石

男侍从　东汉　河南唐河　石

男侍从　东汉　江苏徐州　石

人物故事

主人及侍属　男仆从

男侍　东汉　山东苍山　石

捧灯男侍从　东汉　河南邓州　石

男侍　东汉　山东苍山　石

人物 主人及侍属 男仆从

男女侍从奉食 东汉 山东嘉祥 石

捧奁持物二侍从 东汉 山东沂南北寨 石

众侍者　东汉　山东安丘王封　石

众侍者　东汉　山东安丘王封　石

人物

主人及侍属 男仆从

奏事人物 东汉 山东苍山 石

奏事人物 东汉 山东嘉祥 石

奏事人物 东汉 山东嘉祥 石

捧奁侍从 东汉 河南邓州 石

牵犬侍从 东汉 河南邓州 石

侍者 东汉 山东东平后魏雪 石

侍者 东汉 山东东平后魏雪 石

侍者 东汉 山东东平后魏雪 石

人物 主人及侍属 男仆从

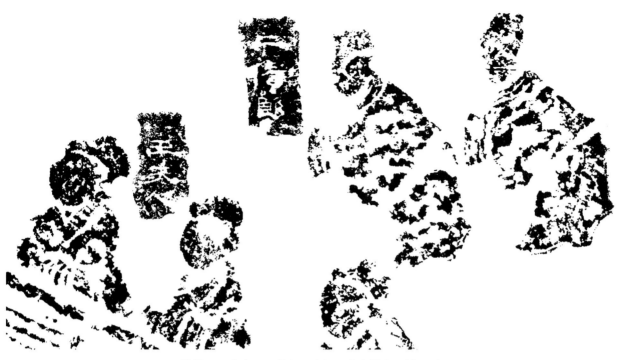

榜题　王夫人　二侍郎　东汉　山东微山两城　石

榜题　□士　信夫　孺子　东汉　山东费县南武阳东阙　石

榜题 此晋沙公贝离其 此后母离居 此沙公前妇子 东汉 山东泰安 石

榜题 此沙公前妇子 东汉 山东泰安 石

捧简人物（榜题 刘燕□ 官□□日辰□□） 东汉 山东历城黄台山 石

榜题
南常赵买字未定
贤孺赵橼字元公
东汉　四川新津宝子山　石

榜题
孝妇赵夫人字义文
东汉　四川新津宝子山　石

榜题　**孝子保**　东汉　河南鄢陵　砖

抱剑人物　东汉　山东滕州　石

奔走人物　东汉　山东嘉祥　石

中国汉画大图典

人物 | 其他人物 | 男性人物

叉手站立人物　东汉　山东邹城郭里高李村　石

抄手而立人物　东汉　安徽萧县　石

抄手而立人物　东汉　江苏徐州　石

抄手而立人物　东汉　江苏徐州　石

抄手而立人物　东汉　河南　石

抄手而立人物　东汉　山东苍山　石

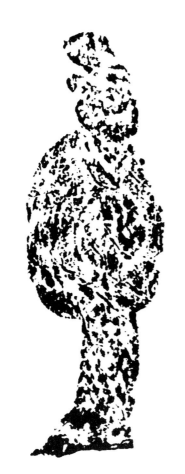
抄手而立人物　东汉　河南　石

抄手而立人物　东汉　山东济宁北郑庄　石

人物

其他人物 男性人物

抄手而立人物　东汉　山东苍山　石

抄手而立人物　东汉　山东临沂　石

抄手而立人物　东汉　山东微山　石

抄手而立人物　东汉　山东微山　石

抄手而立人物　东汉
山东济宁旷山　石

抄手而立人物　东汉
山东邹城　石

抄手而立人物　东汉
山东邹城　石

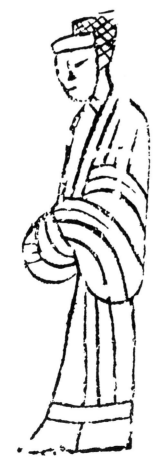
抄手而立人物　东汉　河南洛阳　砖

抄手而立人物　东汉　河南南阳　石

抄手而立人物
东汉　河南南阳　石

抄手而立人物
东汉　河南新野　砖

抄手而立人物
东汉　河南郑州　砖

抄手而立人物
东汉　河南郑州　砖

抄手而立人物
东汉　山东嘉祥　石

抄手跽坐人物　东汉　山东微山　石　　抄手跽坐人物　东汉　山东微山　石　　抄手跽坐人物　东汉　山东微山　石

抄手跽坐人物　东汉　山东微山　石　　抄手跽坐人物　东汉　山东微山　石　　抄手跽坐人物　东汉　山东微山　石

抄手跽坐人物　东汉　山东邹城　石

中国汉画大图典

人物 其他人物 男性人物

抄手跽坐人物　东汉　山东　石

抄手跽坐人物　东汉　山东　石

持便面人物　东汉　山东滕州　石

持便面人物　东汉　山东滕州　石

持便面人物　东汉　山东新泰西柳　石

持便面人物　东汉　山东邹城郭里高李村　石

持便面人物　东汉　山东沂南北寨　石

持便面人物　东汉　山东邹城郭里高李村　石

持便面人物　东汉　江苏徐州　石

持便面人物 东汉 山东沂水 石　　**持刀吏** 东汉 山东嘉祥 石　　**持简人物** 东汉 河南南阳 石

持简人物 东汉 山东滕州 石

持伞盖人物 东汉 四川郫县 石　　**持伞盖鼙鼓人物** 东汉 四川郫县 石　　**持算筹人物** 东汉 四川广汉 砖

持算筹人物 东汉 四川宜宾 石

持物站立人物 东汉 江苏徐州 石

人物 其他人物 男性人物

持物人物 东汉 山东济宁北郑庄 石

带剑人物 东汉 陕西绥德 石

人物

其他人物

男性人物

带剑人物 东汉 江苏徐州 石　　**带剑人物** 东汉 江苏徐州 石　　**带剑人物** 东汉 江苏徐州 石

带剑人物 东汉 山东济宁萧王庄 石　　**带剑人物** 东汉 江苏徐州 石　　**带剑人物** 东汉 山东金乡 石

带剑人物　东汉　山东微山　石

带剑人物　东汉　山东微山　石

带剑人物　东汉　山东兖州　石

人物故事

其他人物　男性人物

带剑人物　东汉　山东济宁北郑庄　石

带剑人物　东汉　山东金乡　石

带剑人物　东汉　山东金乡　石

带剑人物 东汉 山东沂南任家庄 石

端坐人物　东汉　山东　石

端坐人物　东汉　河南商丘　石

人物 | 其他人物 | 男性人物

递物人物　东汉　山东邹城　石

递物人物　东汉　四川宜宾　石

登梯人物 东汉 山东滕州 石　　**对坐人物** 东汉 河南唐河 砖　　**对坐人物** 东汉 河南淅川 砖

扶栏杆人物 东汉 江苏徐州 石　　**扶栏杆人物** 东汉 江苏徐州 石

扶栏杆人物 东汉 江苏徐州 石　　**扶栏杆人物** 东汉 江苏徐州 石

拱手而立人物
东汉　江苏徐州贾汪大泉乡　石

拱手而立人物
东汉　安徽萧县　石

弓身站立人物
东汉　山东滕州　石

拱手而立人物
东汉　安徽萧县　石

拱手而立人物
东汉　山东济宁北郑庄　石

中国汉画大图典

人物 其他人物 男性人物

拱手而立人物　东汉　山东济宁北郑庄　石

拱手而立人物　东汉　山东嘉祥武氏祠　石

拱手而立人物
东汉　山东微山　石

拱手而立人物
东汉　山东沂南北寨　石

拱手而立人物
东汉　山东沂南北寨　石

人物 其他人物 男性人物

拱手而立人物
东汉 山东沂南北寨 石

拱手而立人物
东汉 山东邹城郭里高李村 石

拱手而立人物
东汉 山东邹城郭里高李村 石

拱手而立人物　东汉　山东邹城　石

拱手而立人物　东汉　河南南阳　石

拱手跽坐人物　东汉　河南唐河　石

中国汉画大图典

拱手跽坐人物　东汉　河南唐河　石

拱手人物　东汉　江苏徐州　石

人物　其他人物　男性人物

拱手而立人物　东汉　江苏徐州　石

关注态人物　东汉　江苏徐州　石

关注态人物　东汉　山东微山　石

关注态人物　东汉　山东微山　石

跽坐人物　东汉　河南新野　砖

跽坐人物　东汉　山东济宁北郑庄　石

跽坐人物　东汉　山东嘉祥　石

跽坐人物　东汉　山东嘉祥　石

跽坐人物　东汉　山东鱼台　石

人物

其他人物 — 男性人物

肩扛物人物　东汉　山东金乡　石

讲述人物　东汉　山东微山　石

讲述人物　东汉　山东微山　石

跽坐人物　东汉　山东邹城　石

交谈人物　东汉　河南　石

交谈人物　东汉　河南南阳　石

交谈人物　东汉　河南　石

交谈人物　东汉　河南南阳　砖

交谈人物　东汉　河南新野　砖

交谈人物　东汉　江苏徐州　石

交谈人物　东汉　江苏徐州　石

交谈人物　东汉　江苏徐州　石

人物
其他人物
男性人物

交谈人物　东汉　山东济宁北郑庄　石

交谈人物　东汉　山东嘉祥武氏祠　石

交谈人物　东汉　山东嘉祥　石

交谈人物　东汉　山东嘉祥　石

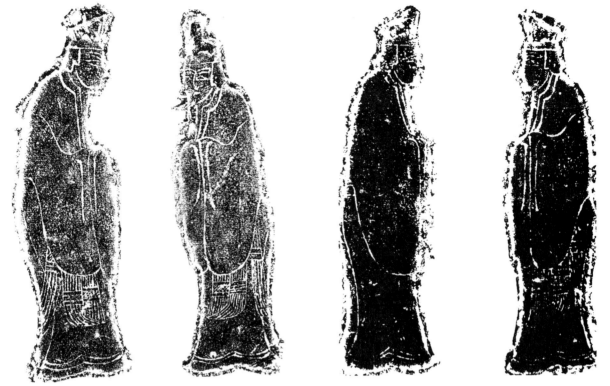

交谈人物　东汉　山东济宁旷山　石　　　　交谈人物　东汉　山东济宁旷山　石

交谈人物　东汉　山东嘉祥武氏祠　石

交谈人物　东汉　山东嘉祥　石

交谈人物　东汉　山东嘉祥武氏祠　石

交谈人物　东汉　山东金乡　石

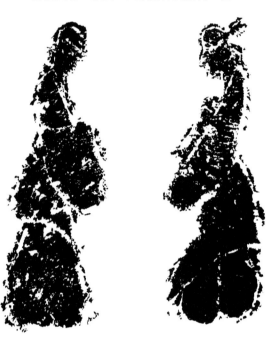
交谈人物　东汉　山东金乡　石

交谈人物　东汉
山东梁山茶庄　石

交谈人物
东汉　山东梁山　石

交谈人物
东汉　山东滕州　石

交谈人物　东汉　山东滕州　石

交谈人物　东汉　山东滕州　石

交谈人物　东汉　山东滕州　石

交谈人物　东汉　山东微山　石
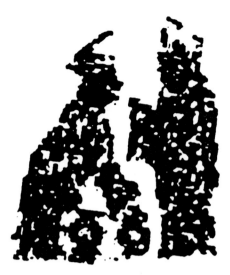
交谈人物　东汉　山东微山　石

交谈人物　东汉　山东微山两城　石

交谈人物　东汉　山东微山两城　石

交谈人物　东汉　山东沂南北寨　石

交谈人物 东汉 山东新泰西柳 石

交谈人物 东汉 山东鱼台 石

交谈人物 东汉 陕西绥德 石

交谈人物 东汉 山东邹城 石

交谈人物 东汉 山东邹城 石

人物 其他人物 男性人物

人物 其他人物 男性人物

交谈人物
东汉　河南登封少室阙　石

交谈人物
东汉　河南登封少室阙　石

交谈人物
东汉　河南登封启母阙　石

交谈人物
东汉　河南登封少室阙　石

交谈人物
东汉　河南登封少室阙　石

交谈人物
东汉　河南登封少室阙　石

交谈人物
东汉　河南登封少室阙　石

交谈人物
东汉　河南　石

交谈人物　东汉　河南唐河　石

交谈人物　东汉　河南唐河　石　　　交谈人物　东汉　河南唐河　石　　　交谈人物　东汉　河南新野　砖

交谈人物　东汉　河南新野　砖　　　　　　　交谈人物　东汉　河南唐河　石

人物　其他人物　男性人物

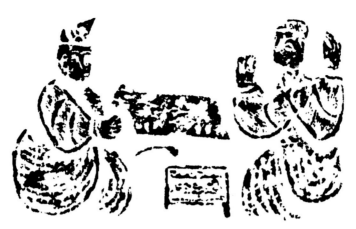

交谈人物　东汉　江苏徐州　石

交谈人物　东汉　江苏徐州　石

交谈人物　东汉　江苏徐州　石

交谈人物　东汉　山东　石

交谈人物　东汉　江苏徐州　石

交谈人物　东汉　山东　石

交谈人物　东汉　山东　石

交谈人物　东汉　山东　石

交谈人物　东汉　山东　石

交谈人物　东汉　山东济宁北郑庄　石

交谈人物　东汉　山东嘉祥　石

交谈人物　东汉　山东嘉祥武氏祠　石

交谈人物　东汉　山东嘉祥武氏祠　石

交谈人物　东汉　山东嘉祥武氏祠　石

交谈人物　东汉　山东梁山茶庄　石

交谈人物　东汉　山东梁山　石

交谈人物　东汉　山东临沂　石

交谈人物　东汉　山东临沂　石

交谈人物　东汉　山东滕州　石

交谈人物　东汉　山东滕州　石

人物　其他人物　男性人物

交谈人物　东汉　山东微山　石　　交谈人物　东汉　山东微山　石　　交谈人物　东汉　山东微山　石

交谈人物　东汉　山东邹城郭里高李村　石

交谈人物　东汉　陕西米脂　石

交谈人物　东汉　陕西绥德　石

交谈人物　东汉　四川成都　砖

交谈人物　东汉　四川长宁　石

交谈人物　东汉　四川新津　石

交谈人物　东汉　四川新津　石

热烈交谈人物　东汉　江苏徐州　石

热烈交谈人物　东汉　河南南阳　砖

热烈交谈人物　东汉　山东嘉祥　石

热烈交谈人物　东汉　山东鱼台　石

热烈交谈人物　东汉　山东邹城　石

热烈交谈人物 新莽至东汉初 山东曲阜东安汉里 石

交谈人物
东汉 河南登封太室阙 石

交谈人物
东汉 河南登封太室阙 石

交谈人物头部 东汉 四川新津 石

跨步举手人物 东汉 山东济宁 石

人物

其他人物

男性人物

聆听人物　东汉　山东滕州　石

聆听人物　东汉　山东微山　石

聆听人物　东汉　山东微山　石

扭身坐人物　东汉　河南南阳　石

跑步行进人物　东汉　山东鱼台　石

盘腿坐姿人物　东汉　江苏徐州　石

盘腿坐姿人物　东汉　山东邹城　石

人物

其他人物 男性人物

捧手人物　东汉　四川新津　石

施礼人物　东汉　山东　石

施礼人物　东汉　山东济宁萧王庄　石

施礼人物　东汉　山东嘉祥武氏祠　石

施礼人物　东汉　江苏徐州　石

施礼人物　东汉　江苏徐州　石

施礼人物　东汉　江苏徐州　石

施礼人物　东汉　江苏徐州　石

施礼人物　东汉　陕西清涧　石

施礼人物　西汉　河南洛阳　砖

施礼人物　西汉　河南洛阳　砖

侍者　东汉　山东沂南北寨　石

中国汉画大图典

童戏图 东汉建宁三年（170） 河南南阳许阿瞿墓 石

人物 其他人物 男性人物

脱履跽坐席上人物
东汉 河南新野 砖

脱履跽坐席上人物
东汉 河南新野 砖

托鸟人物
东汉 山东新泰西柳 石

倚于凭几人物
东汉 河南方城 石

倚于凭几人物
东汉 河南南阳 石

倚于凭几人物
东汉 山东嘉祥 石

倚于凭几人物　东汉　河南南阳　石

倚于凭几人物　东汉　河南南阳　石

倚于凭几人物　东汉　河南南阳　石

倚于凭几人物　东汉　河南南阳　石

倚于凭几人物　东汉　河南　石

倚于凭几人物　东汉　江苏徐州铜山洪楼　石

倚于凭几人物　东汉　河南唐河　石

倚于凭几人物　东汉　江苏徐州　石

中国汉画大图典

倚于凭几人物　东汉　山东济宁　石　　倚于凭几人物　东汉　山东济宁萧王庄　石　　倚于凭几人物　东汉　山东济宁萧王庄　石

人物　其他人物　男性人物

倚于凭几人物　东汉　山东济宁萧王庄　石　　倚于凭几人物　东汉　山东微山　石

倚于凭几人物　东汉　山东临沂　石　　倚于凭几人物　东汉　山东微山　石

304

倚于凭几人物　东汉　山东兖州　石

倚于凭几人物　东汉　山东沂南北寨　石

倚于凭几人物　东汉　山东邹城　石

倚于凭几人物　西汉　河南唐河电厂　石

倚杖带剑人物
东汉　山东济宁萧王庄　石

倚杖带剑人物
东汉　山东济宁萧王庄　石

行走人物
东汉　山东嘉祥　石

倚鸠杖老人
东汉　山东济宁北郑庄　石

倚鸠杖老人
东汉　山东济宁北郑庄　石

倚杖老人
东汉　河南新野　砖

倚杖老人
东汉　山东济宁北郑庄　石

倚杖老人
东汉　山东济宁北郑庄　石

倚杖老人
东汉　山东微山　石

倚杖老人　东汉　山东微山　石

倚杖老人　东汉　山东微山　石

倚杖老人　东汉　山东微山　石

倚杖老人
东汉 山东邹城 石

倚杖老人
东汉 山东邹城 石

倚杖老人
东汉 山东邹城 石

倚鸠杖老人
东汉 山东济宁 石

倚杖老人
东汉 四川彭州 砖

站立人物
东汉 河南新野 砖

人物 其他人物 男性人物

站立举手人物　东汉　山东临沂　石　　站立举手人物　东汉　山东邹城　石　　站立人物　东汉　山东济宁　石

站立人物　东汉　山东嘉祥　石　　站立人物　东汉　山东嘉祥武氏祠　石　　站立人物　东汉　山东莒南　石

站立人物 东汉 山东滕州 石　　**站立人物** 东汉 山东新泰西柳 石　　**站立人物** 东汉 山东兖州 石

站立人物
东汉 山东邹城 石　　站立人物
东汉 山东邹城 石　　站立人物
东汉 山东邹城 石

执长兵器人物　东汉　山东微山　石

站立人物　东汉　山东兖州　石

执环首刀人物　东汉　陕西榆林　石

执棍人物　东汉　山东临沂吴白庄　石

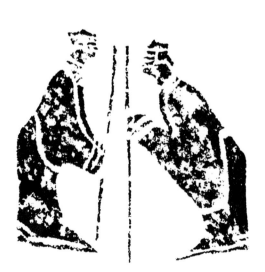

执棍人物　东汉　陕西绥德　石

执棨戟门吏头像　东汉　安徽萧县　石

执棨戟门吏头像　东汉　安徽萧县　石

执棍人物　东汉　山东济宁　石

坐凭几上人物　西汉　河南唐河　石

长裾抱子妇人　西汉　山东邹城郭里卧虎山　石

长裾妇人　西汉　山东邹城郭里卧虎山　石

长裾女　东汉　河南南阳　石

长裾女　东汉　河南南阳　石

长裾女　东汉　河南南阳　石

长裾女　东汉　河南唐河　石

长裾女　东汉　陕西米脂　石

持物女侍　东汉　山东　石

抄手跽坐女　东汉　山东邹城　石

抄手女　东汉　山东鱼台　石

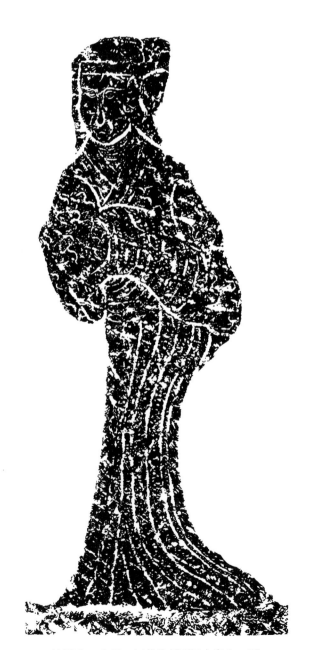
抄手女　东汉　江苏徐州贾汪大泉乡　石

人物

其他人物

女性人物

端坐妇人　东汉　山东微山　石

端坐妇人　东汉　山东微山　石

端坐妇人　东汉　山东微山　石

端坐妇人　东汉　山东微山　石

端坐群妇 东汉 山东微山两城 石

端坐群妇 东汉 山东微山两城 石

妇孺与常青树 东汉 陕西绥德 石

妇人 东汉 山东嘉祥武氏祠 石

人物 其他人物 女性人物

妇人　东汉　山东邹城　石

妇人　东汉　山东邹城　石

高髻妇人　东汉　山东微山　石

高髻妇人　东汉　山东微山　石

高髻妇人　东汉　山东微山　石

高髻妇人　东汉　山东微山　石

高髻妇人 东汉 山东微山 石

高髻妇人 东汉 山东微山 石

高髻妇人 东汉 山东微山 石

高髻妇人 东汉 山东邹城 石

高髻袍服妇人 东汉 山东微山 石

中国汉画大图典

人物 其他人物 女性人物

回望的妇人　东汉　江苏徐州　石

跽坐女　东汉　山东微山　石

交谈女　东汉　江苏徐州　石

交谈女　东汉　山东微山　石

交谈妇人 东汉 山东微山 石

交谈女 东汉 河南登封启母阙 石

交谈女 东汉 山东微山 石　　**交谈女** 东汉 山东微山 石　　**交谈女** 东汉 河南南阳 石

交谈女 东汉 山东 石

中国汉画大图典

人物 其他人物 女性人物

交谈女　东汉　山东微山　石

交谈女　东汉　山东邹城　石

交谈女　东汉　四川新津　石

交谈女　东汉　四川新津　石

交谈女　东汉　四川彭县　砖

聆听人物　东汉　山东济宁　石

聆听状妇人　东汉　山东嘉祥武氏祠　石

侍从　东汉　山东嘉祥　石

四妇人图　东汉　江苏徐州　石

人物 其他人物 女性人物

戏熊袍服女　东汉　山东邹城　石

与男子并坐女　东汉　四川成都　砖

远眺二女　东汉　山东嘉祥　石

行走女
东汉　山东微山　石

倚门妇人
东汉　河南南阳麒麟岗　石

与男子牵手女
东汉　山东梁山百墓山　石

人物故事

相马人物　西汉　山东邹城郭里　石

人物 其他人物 其他

相马人物
东汉　江苏徐州　石

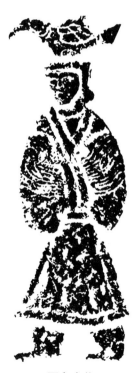

冠鸟人物
东汉　山东邹城　石

冠鸟人物　东汉　山东济宁城南张　石

故事

大禹化熊　东汉　河南登封启母阙　石

曾母投杼（榜题　长款）　东汉　山东嘉祥武氏祠　石

二桃杀三士　东汉　河南方城　石

二桃杀三士　东汉　河南南阳　石

二桃杀三士　东汉　河南南阳　石

二桃杀三士　东汉　河南南阳　石

二桃杀三士　西汉　河南唐河针织厂　石

二桃杀三士　东汉　河南新野樊集　砖

二桃杀三士　东汉　江苏邳州占城　石

故事 圣贤故事

二桃杀三士 东汉 江苏睢宁 石

二桃杀三士 东汉 江苏徐州汉画像石协会藏 石

二桃杀三士 东汉 山东嘉祥 石

二桃杀三士　东汉　山东嘉祥宋山　石

二桃杀三士　东汉　山东嘉祥武氏祠　石

二桃杀三士　东汉　山东莒县　石

中国汉画大图典

二桃杀三士　东汉　山东　石

故事 圣贤故事

二桃杀三士　东汉　山东邹城黄路屯　石

二桃杀三士　东汉　陕西绥德　石

柳下惠坐怀不乱（榜题 柳惠） 东汉 山东嘉祥武氏祠 石

颜淑握火（榜题 长款 颜淑握火 乞宿妇） 东汉 山东嘉祥武氏祠 石

管仲射小白（榜题 此齐桓公也） 东汉 山东嘉祥武氏祠 石

管仲射小白 东汉 山东嘉祥武氏祠 石

管仲射小白 东汉 山东嘉祥宋山 石

晋灵公袭赵盾（榜题 长款 灵公 赵宣孟） 东汉 山东嘉祥武氏祠 石

晋灵公袭赵盾（榜题 晋灵公 敖〈獒〉也） 东汉 山东沂南北寨 石

晋灵公袭赵盾 西汉 河南郑州 砖

晋灵公袭赵盾 东汉 河南南阳杨官寺 石

赵盾喂灵辄 东汉 山东肥城 石

赵盾喂灵辄　东汉　山东嘉祥武氏祠　石

赵盾喂灵辄（局部）　东汉　山东嘉祥武氏祠　石

中国汉画大图典

赵盾喂灵辄　东汉　山东嘉祥武氏祠　石

故事

史传故事

申生愚孝　东汉　山东嘉祥宋山　石

申生愚孝　东汉　山东嘉祥宋山　石

李善抚孤 东汉
山东嘉祥武氏祠 石

李善抚孤
（宋代洪适《隶续·卷六》摹本）

范雎罪释魏须贾
（榜题 范且 魏须贾）
东汉 山东嘉祥武氏祠 石

范雎受袍　西汉　河南唐河　石

故事 史传故事

西门豹治邺　东汉　河南南阳英庄　石

信陵君迎侯嬴（榜题　长款　侯嬴）东汉　山东嘉祥武氏祠　石

泗水取鼎　东汉　河南新野　砖

泗水取鼎　东汉　河南新野　砖

泗水取鼎　东汉　江苏师范大学藏　石

泗水取鼎　东汉　江苏师范大学藏　石

泗水取鼎　东汉　江苏徐州贾汪　石

泗水取鼎　东汉　山东曲阜　石

泗水取鼎　东汉　山东　石

泗水取鼎　东汉　山东嘉祥五老洼村　石

泗水取鼎　东汉　山东嘉祥五老洼村　石

泗水取鼎　东汉　山东嘉祥武氏祠　石

泗水取鼎 东汉 山东嘉祥纸坊镇 石

泗水取鼎 东汉 山东嘉祥纸坊镇 石

泗水取鼎　东汉　山东　石

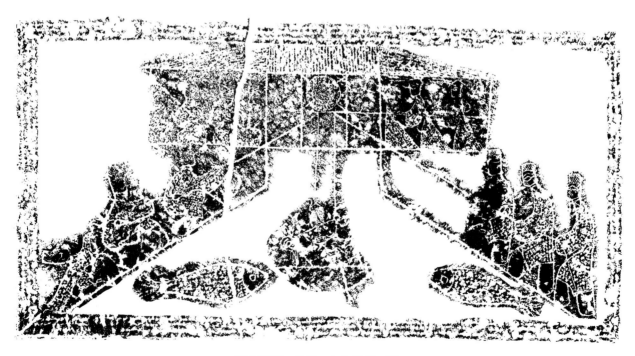

泗水取鼎　东汉　山东滕州　石

泗水取鼎　东汉　山东滕州　石

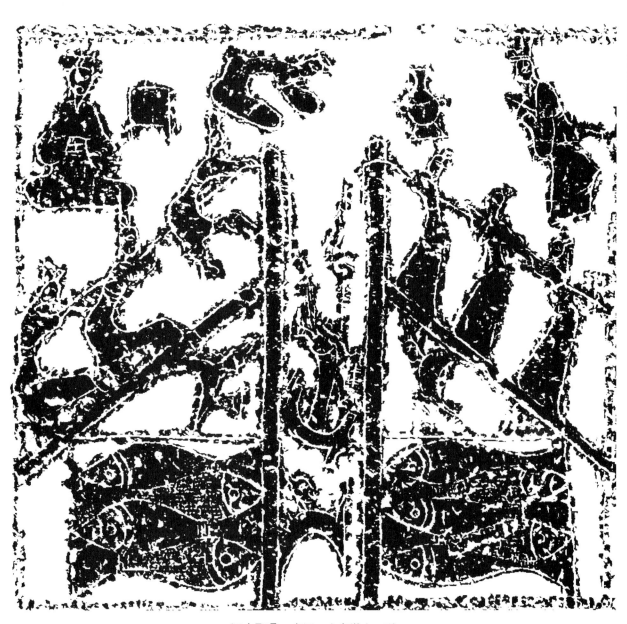

泗水取鼎　东汉　山东微山　石

泗水取鼎　东汉　山东微山　石

泗水取鼎　东汉　山东汶上　石

泗水取鼎　东汉　山东兖州　石

泗水取鼎　东汉　山东鱼台　石

泗水取鼎　东汉　山东邹城　石

故事　史传故事

泗水取鼎之人物　东汉　山东滕州　石

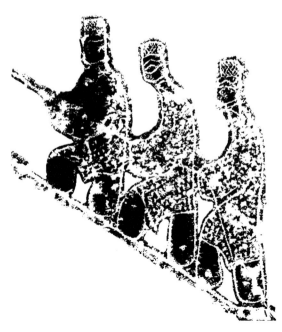

泗水取鼎之人物　东汉　山东滕州　石

泗水取鼎之人物　东汉　山东滕州　石

泗水取鼎　东汉　山东邹城郭里高李村　石

泗水取鼎　东汉　四川江安　石

鼎人　东汉　四川泸州　石

鼎人　东汉　四川彭州太平乡　砖

升鼎　东汉　四川泸州　石

升鼎　东汉　四川彭州义合乡　砖

意在沛公　东汉　山东沂南北寨　石

范增碎玉　东汉　山东沂南北寨　石

赵氏孤儿（榜题　长款　杵臼）　东汉　山东嘉祥武氏祠　石

赵氏孤儿　东汉　山东嘉祥武氏祠　石

义主范赎（榜题 范赎 门亭长） 东汉 山东嘉祥武氏祠 石

义主范赎（榜题 长款 外黄狱吏 范赎兄考 □□令 亭长 范赎） 东汉 山东嘉祥武氏祠 石

义主范赎（榜题 长款 外黄狱吏 范赎兄考） 东汉 山东嘉祥武氏祠 石

季札挂剑 东汉 山东嘉祥武氏祠 石

中国汉画大图典

季札挂剑　东汉　山东嘉祥武氏祠　石

故事　忠义故事

王陵母（榜题　楚将　王陵母　汉使者）　东汉　山东嘉祥武氏祠　石

完璧归赵　东汉　陕西榆林　石

人物故事

完璧归赵　东汉　陕西绥德　石

完璧归赵（榜题　如赵臣也奉璧于秦　秦王　范且）东汉　山东嘉祥武氏祠　石

故事　忠义故事

完璧归赵　东汉　重庆合川　石

曹子劫桓（榜题　鲁庄公　曹子劫桓　齐桓公　管仲）　东汉　山东嘉祥武氏祠　石

专诸刺吴王（榜题　吴王　专诸炙鱼刺杀吴王　二侍郎）　东汉　山东嘉祥武氏祠　石

要离刺庆忌（榜题 王庆忌 要离） 东汉 山东嘉祥武氏祠 石

要离刺庆忌（局部） 东汉 山东嘉祥武氏祠 石

豫让刺赵襄子（榜题 赵襄子 豫让杀身以报知己） 东汉 山东嘉祥武氏祠 石

豫让刺赵襄子 东汉 山东兰陵博物馆藏 石

豫让刺赵襄子 东汉 山东微山 石

聂政刺韩王（榜题 聂政 韩王） 东汉 山东嘉祥武氏祠 石

聂政刺韩王 东汉 山东沂南北寨 石

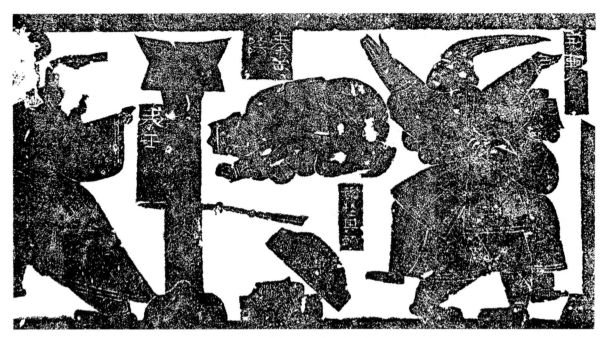

荆轲刺秦王（榜题 秦王 荆轲 秦舞阳 樊於期头） 东汉 山东嘉祥武氏祠 石

荆轲刺秦王（榜题 荆轲 秦武阳 王也） 东汉 山东嘉祥武氏祠 石

荆轲刺秦王（榜题 荆轲 秦武阳） 东汉 山东嘉祥武氏祠 石

荆轲刺秦王　东汉　山东嘉祥武氏祠　石

荆轲刺秦王　东汉　山东沂南北寨　石

荆轲刺秦王　东汉　陕西绥德　石

荆轲刺秦王　东汉　陕西榆林　石

荆轲刺秦王　东汉　四川绵竹　砖

荆轲刺秦王　东汉　四川乐山麻浩崖墓　石

荆轲刺秦王　东汉　四川渠县王家坪无名阙　石

荆轲刺秦王　东汉　四川江安　石

荆轲刺秦王　东汉　重庆合川　石

高渐离刺秦王（榜题　此秦王）　东汉　山东嘉祥武氏祠　石

故事

孝行故事

闵子骞失棰（榜题　长款　子骞父　子骞后母弟）　东汉　山东嘉祥武氏祠　石

老莱子娱亲（榜题　长款）　东汉　山东嘉祥武氏祠　石

闵子骞失棰　东汉　山东嘉祥武氏祠　石

老莱子娱亲（榜题　老莱子　莱子父母）　东汉　山东嘉祥武氏祠　石

老莱子娱亲（榜题　莱子父　莱子母）　东汉　山东嘉祥武氏祠　石

故事

孝行故事

邢渠哺父（榜题　孝子邢渠）
东汉　山东嘉祥武氏祠　石

邢渠哺父（榜题　邢渠哺父　渠父）
东汉　山东嘉祥武氏祠　石

邢渠哺父　东汉
山东嘉祥武氏祠　石

邢渠哺父　东汉　山东嘉祥武氏祠　石

丁兰刻木（榜题　长款）　东汉　山东嘉祥武氏祠　石

丁兰刻木　东汉　山东嘉祥武氏祠　石

丁兰刻木　东汉　山东嘉祥武氏祠　石

丁兰刻木（榜题　孝子丁兰父　此丁兰父）东汉　山东泰安　石

伯榆伤亲（榜题 长款 榆母） 东汉 山东嘉祥武氏祠 石

伯榆伤亲（榜题 伯游也 伯游母） 东汉 山东嘉祥武氏祠 石

董永行孝（榜题 永父 董永千乘人也） 东汉 山东嘉祥武氏祠 石

董永行孝 东汉 四川乐山柿子湾 石

董永行孝 东汉 四川渠县蒲家湾 石

董永行孝 东汉 山东临沂 石

董永　董永行孝（局部）　东汉　山东临沂　石

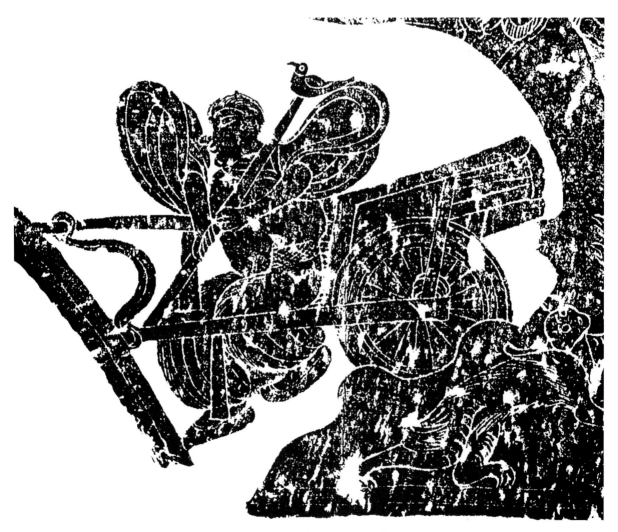

董永父　董永行孝（局部）　东汉　山东临沂　石

故事 孝行故事

金日磾思母 东汉
山东嘉祥武氏祠 石

金日磾思母
（宋代洪适《隶续·卷六》摹本）

义浆羊公
（榜题 义浆羊公 乞浆者）
东汉 山东嘉祥武氏祠 石

三州孝人（榜题 三州孝人也） 东汉 山东嘉祥武氏祠 石

孝孙原谷（榜题 孝孙祖父 孝孙） 东汉 山东嘉祥武氏祠 石

郭巨埋儿 东汉 河南登封启母阙 石

故事 | 孝行故事

孝子赵荀（榜题 孝子赵荀 此荀□父） 东汉 山东泰安 石

魏汤为父报仇（榜题 魏汤 汤父） 东汉 山东嘉祥武氏祠 石

七女为父报仇 东汉 山东临沂吴白庄 石

七女为父报仇（榜题 七女） 东汉 山东莒县 石

七女为父报仇 东汉熹平三年（174） 安徽宿县褚兰宝光寺 石

七女为父报仇　东汉　山东嘉祥武氏祠　石

七女为父报仇　东汉　山东嘉祥武氏祠　石

七女为父报仇（局部）　东汉　山东嘉祥武氏祠　石

七女反叛兵士　七女为父报仇（局部）
东汉　山东嘉祥武氏祠　石

七女反叛兵士　七女为父报仇（局部）
东汉　山东嘉祥武氏祠　石

七女之二　七女为父报仇（局部）　东汉　山东嘉祥武氏祠　石

七女之二　七女为父报仇（局部）　东汉　山东嘉祥武氏祠　石

故事 孝行故事

七女之一 七女为父报仇（局部） 东汉 山东嘉祥武氏祠 石

七女之一 七女为父报仇（局部）
东汉 山东嘉祥武氏祠 石

七女之一 七女为父报仇（局部）
东汉 山东嘉祥武氏祠 石

齐桓卫姬（榜题 齐桓公 卫姬 御者） 东汉 山东沂南北寨 石

齐管妾婧（榜题 管仲 管仲妻） 东汉 山东滕州 石

榜题　苍子　苍子母　苍子妇
东汉　山东滕州　石

钟离春自荐（榜题　无盐丑女钟离春　齐王）
东汉　山东嘉祥武氏祠　石

梁节姑姊（榜题　长款　长妇儿　梁节姑姊　捄者　姑姊儿）　东汉　山东嘉祥武氏祠　石

楚昭贞姜（榜题　楚昭贞姜　使者）　东汉　山东嘉祥武氏祠　石

齐义继母（榜题　齐继母　前母子　后母子　追吏骑　死人）　东汉　山东嘉祥武氏祠　石

京师节女（榜题　京师节女　怨家攻者）　东汉　山东嘉祥武氏祠　石

梁寡高行（榜题 梁高行 奉金者 使者） 东汉 山东嘉祥武氏祠 石

梁寡高行（局部）（榜题 梁高行 奉金者 使者） 东汉 山东嘉祥武氏祠 石

梁寡高行 东汉 山东嘉祥武氏祠 石

鲁秋洁妇（榜题 鲁秋胡 秋胡妇） 东汉 山东嘉祥武氏祠 石

鲁秋洁妇（榜题 秋胡妻鲁秋胡）
东汉 山东嘉祥武氏祠 石

鲁秋洁妇 东汉 山东邹城郭里 石

鲁秋洁妇 东汉 四川新津 石

鲁秋洁妇 东汉 四川新津 石

故事 列女故事

鲁秋洁妇　东汉　四川新津　石

鲁义姑姊（局部）　东汉　山东嘉祥武氏祠　石

鲁义姑姊（榜题　齐将军　姑姊　兄子）　东汉　山东嘉祥武氏祠　石

鲁义姑姊（榜题　齐将　义妇　义妇亲子）　东汉　山东嘉祥武氏祠　石

韩朋贞夫　东汉　山东嘉祥南武山　石

韩朋贞夫　东汉　山东嘉祥宋山　石

韩朋贞夫　东汉　山东嘉祥武氏祠　石

故事 人物故事长款

榜题 公子无忌魏信陵君虚左招贤自迎侯嬴过屠朱亥言语公子颜色不改
东汉 山东嘉祥武氏祠 石

榜题 比肩兽王者德及鳏寡则至
东汉 山东嘉祥武氏祠 石

榜题 伯姑姊其室失火/取兄子往/辄得其子/赴火如亡/示其诚也
东汉 山东嘉祥武氏祠 石

人物故事

榜题
伯榆伤亲年老气力稍衰苔之不痛心怀楚悲
东汉　山东嘉祥武氏祠　石

榜题　程婴杵臼/赵朔家臣/下宫之难/赵武始娠/屠颜购孤/诈抱他人/臼与并殪/婴辅武存
东汉　山东嘉祥武氏祠　石

榜题　何馈/何□杖人/养性守真/子路从后问见夫子/答□勤体/煞（杀）鸡为黍/仲由拱立无辞□吾
东汉　山东嘉祥武氏祠　石

故事 人物故事长款

榜题 丁兰二亲终殁/立木为父/邻人假物/报乃借与

东汉 山东嘉祥武氏祠 石

故事

人物故事长款

榜题 老莱子楚人也/事亲至孝/衣服斑连/婴儿之态/令亲有驩/君子佳之/孝莫大焉

东汉 山东嘉祥武氏祠 石

榜题 曾子质孝/以通神明/贯感神祇/著号来方/后世凯式/以正模纲

东汉 山东嘉祥武氏祠 石

故事 人物故事长款

榜题
闵子骞与假母居/爱有偏移/
子骞衣寒/御车失棰（箠）
东汉　山东嘉祥武氏祠　石

榜题
王陵母见获于楚/
陵为汉将/与楚相距/
母见汉使曰/□长者/
自伏剑死/以免其子
东汉　山东嘉祥武氏祠　石

榜题
颜淑独处/飘风暴雨/
妇人乞宿/升堂入户/
燃蒸自烛/惧见意疑/
未明蒸尽/缩笮续之
东汉　山东嘉祥武氏祠　石

榜题　义主范赎/陈留外黄兄/
赎诣寺门/求代考躯
东汉　山东嘉祥武氏祠　石

榜题　宣孟晋卿/
鋪辄翳乘/灵公盛怒/
伏甲喊獒/车右提名/
赵犬绝桓/灵辄乘盾/爰发甲中
东汉　山东嘉祥武氏祠　石

内容不明故事（榜题　铁□）　东汉　山东沂南北寨　石

故事 内容不明故事

内容不明故事　西汉　河南唐河针织厂　石

内容不明故事　东汉　河南南阳袁庄　石

内容不明故事　东汉　河南南阳阮塘　石

内容不明故事　东汉　山东嘉祥　石

内容不明故事　东汉　山东滕州　石

内容不明故事　东汉　河南南阳　石

故事

内容不明故事

内容不明故事　东汉　山东沂南北寨　石

内容不明故事　东汉　山东沂南北寨　石

内容不明故事　东汉　山东沂南北寨　石

内容不明故事　东汉　山东沂南北寨　石

内容不明故事　东汉　浙江海宁　石

内容不明故事　东汉　浙江海宁　石

内容不明故事　东汉　四川新津　石

内容不明故事　西汉　河南唐河针织厂　石

内容不明故事　西汉　山东邹城郭里卧虎山　石

故事 内容不明故事

内容不明故事　西汉　山东邹城郭里卧虎山　石

内容不明故事　东汉　山东嘉祥武氏祠　石

胡汉交战

人物故事

胡汉交战

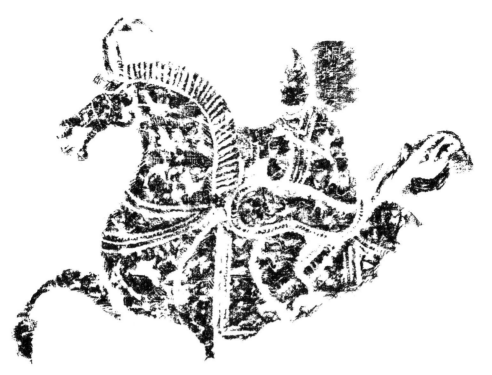

胡汉交战（榜题　胡将军）东汉　山东微山　石

胡汉交战（局部）（榜题　胡将军）东汉　山东微山　石

胡汉交战　东汉　河南（山东青岛崇汉轩汉画像砖博物馆藏）　砖

胡汉交战（局部）　东汉　河南（山东青岛崇汉轩汉画像砖博物馆藏）　砖

胡汉交战　东汉　河南新野　砖

胡汉交战

胡汉交战（局部） 东汉 河南新野 砖

胡汉交战（局部） 东汉 河南新野 砖

胡汉交战（局部） 东汉 河南新野 砖

胡汉交战（局部） 东汉 河南新野 砖

胡汉交战

胡汉交战（局部）　东汉　河南新野　砖　　　　胡汉交战（局部）　东汉　河南新野　砖

胡汉交战　东汉　山东博物馆藏　石

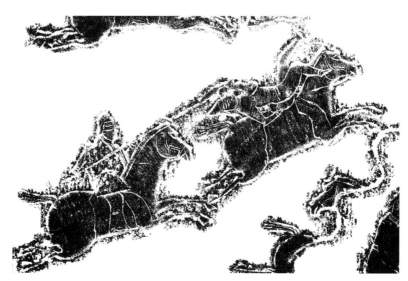

胡汉交战（局部）　东汉　山东博物馆藏　石

胡汉交战　东汉　山东苍山　石

胡汉交战　东汉　山东长清孝堂山　石

胡汉交战　东汉　山东长清孝堂山　石

胡汉交战

胡汉交战　东汉　山东长清孝堂山　石

胡汉交战　东汉　山东滕州　石

胡汉交战　东汉　山东滕州　石

人物故事

胡汉交战　东汉　山东滕州　石

胡汉交战　东汉　山东滕州　石

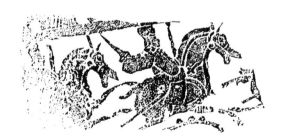
胡汉交战　东汉　山东滕州　石

胡汉交战　东汉　山东滕州　石

胡汉交战

胡汉交战　东汉　山东汶上　石

胡汉交战　东汉　山东沂南北寨　石

胡汉交战　东汉　山东沂南北寨　石

胡汉交战　东汉　山东邹城郭里高李村　石

胡汉交战　东汉　山东邹城郭里高李村　石

胡汉交战　东汉　山东邹城郭里高李村　石

胡汉交战　东汉　山东邹城郭里黄路屯　石

胡汉交战（局部）　东汉　山东邹城郭里黄路屯　石

胡汉交战（局部）　东汉　山东邹城郭里黄路屯　石

胡汉交战之胡人兵士　东汉　山东微山　石

胡汉交战之骑兵　东汉　河南郑州　砖

胡汉交战（局部）　东汉　山东邹城郭里黄路屯　石

胡汉交战（局部）　东汉　山东邹城郭里黄路屯　石

胡汉交战　东汉　山东邹城　石

胡汉交战　东汉　陕西绥德　石

胡汉交战（局部）　东汉　陕西绥德　石

人物故事

胡汉交战（局部） 东汉 陕西绥德 石

胡汉交战

胡汉交战 东汉 山东汶上 石

胡汉交战 东汉 山东汶上 石

胡汉交战之献俘　东汉　山东费县潘家疃　石

胡汉交战之献俘　东汉　山东济宁　石

胡汉交战之献俘　东汉　山东济宁　石

胡汉交战之献俘　东汉　陕西绥德　石

胡汉交战之献俘（局部） 东汉 山东济宁 石

胡汉交战之献俘（局部） 东汉 陕西绥德 石

胡汉交战

中国汉画大图典

胡汉交战

骑兵　胡汉交战之献俘（局部）　东汉　陕西绥德　石

骑兵　胡汉交战之献俘（局部）　东汉　陕西绥德　石

骑兵　胡汉交战之献俘（局部）　东汉　陕西绥德　石

骑兵　胡汉交战之献俘（局部）　东汉　陕西绥德　石

人物故事

骑兵　胡汉交战之献俘（局部）　东汉　陕西绥德　石

骑兵　胡汉交战之献俘（局部）　东汉　陕西绥德　石

胡汉交战

骑兵　胡汉交战之献俘（局部）　东汉　陕西绥德　石

骑兵　胡汉交战之献俘（局部）　东汉　陕西绥德　石

骑兵　胡汉交战之献俘（局部）　东汉　陕西绥德　石

骑兵　胡汉交战之献俘（局部）　东汉　陕西绥德　石

中国汉画大图典

胡汉交战

骑兵　胡汉交战之献俘（局部）　东汉　陕西绥德　石

骑兵　胡汉交战之献俘（局部）　东汉　陕西绥德　石

骑兵　胡汉交战之献俘（局部）　东汉　陕西绥德　石

骑兵　胡汉交战之献俘（局部）　东汉　陕西绥德　石

骑兵　胡汉交战之献俘（局部）　东汉　陕西绥德　石

骑兵　胡汉交战之献俘（局部）　东汉　陕西绥德　石

骑兵　胡汉交战之献俘（局部）　东汉　陕西绥德　石

骑兵　胡汉交战之献俘（局部）　东汉　陕西绥德　石

胡汉交战

骑兵　胡汉交战之献俘（局部）　东汉　陕西绥德　石

骑兵　胡汉交战之献俘（局部）　东汉　陕西绥德　石

骑兵　胡汉交战之献俘（局部）　东汉　陕西绥德　石

骑兵　胡汉交战之献俘（局部）　东汉　陕西绥德　石

胡汉交战

骑兵　胡汉交战之献俘（局部）　东汉　陕西绥德　石　　　骑兵　胡汉交战之献俘（局部）　东汉　陕西绥德　石

骑兵　胡汉交战之献俘（局部）　东汉　陕西绥德　石　　　骑兵　胡汉交战之献俘（局部）　东汉　陕西绥德　石

骑兵　胡汉交战之献俘（局部）　东汉　陕西绥德　石　　　骑兵　胡汉交战之献俘（局部）　东汉　陕西绥德　石

执法惩戒

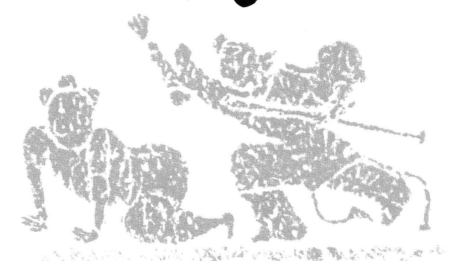

人物故事

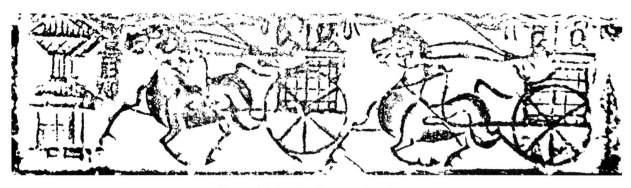

榜题 亭长讨贼　东汉　河南鄢陵　砖

执法惩戒

榜题 东井灭火　西汉　河南洛阳　砖

考课　东汉　江苏徐州　石

执法惩戒

考课 新莽天凤五年（18） 河南唐河湖阳辛店 石

记录 东汉 山东嘉祥武氏祠 石

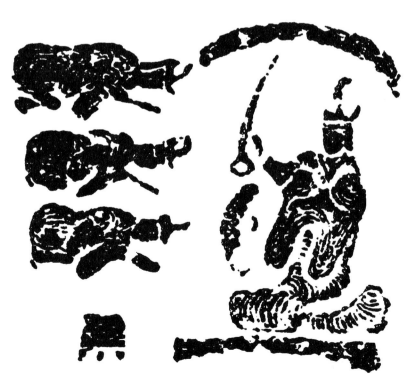

训罚 东汉 江苏徐州 石

执法惩戒

训罚　东汉　四川广汉　砖

训罚（局部）　东汉　四川广汉　砖

训罚（局部）　东汉　四川广汉　砖　　　　　　　　训罚（局部）　东汉　四川广汉　砖

施刑之鞭笞　东汉　河南南阳七孔桥　石

执法惩戒

施刑　东汉　河南南阳　石

行刑行列　东汉　山东临沂吴白庄　石

人物故事

行刑行列（局部） 东汉 山东临沂吴白庄 石

执法惩戒

行刑行列士卒 东汉 河南唐河 石

行刑行列士卒 东汉 山东临沂 石

行刑行列士卒 东汉 山东临沂 石

执法惩戒

缉贼　东汉　山东滕州　石

缉贼　东汉　江苏徐州贾汪青山泉　石

缉拿　东汉　山东微山　石

带长剑武士　东汉　河南洛阳　砖

持幢节人物　东汉　江苏睢宁锅山　石

人物故事

执法惩戒

行刑　东汉　四川广汉新平罗家包　砖

拦道奏事　西汉　河南唐河针织厂　石

汉画故事集萃

顾 森 胡广跃

圣贤故事

大禹化熊

大禹在治鸿水时，要打通轘辕山（在今河南偃师东南），需要变成熊才能发挥神力。他对妻子涂山氏说："要送午饭时，听见鼓声才送来。"在大禹开山排石中，飞起的石头误中鼓面，就传出了鼓声。涂山氏去送饭，见到正变成熊的大禹，惭愧离去。到了嵩高山（嵩山）下，她变成了一块石头。此时正是她要诞下启的时刻。禹赶来了，说："把我的孩子给我！"石头的北面破开，启诞生了。

大禹化熊故事见《楚辞·天问》洪兴祖补注引《淮南子》。

曾母投杼

孔子的弟子曾参在儒学发展史上地位很重要。他说"吾日三省吾身"，即一天几次检点自己行为的得失，因此品德修养很高。他努力学习孔子的学说，深得要领，特别于孔子中庸思想成就尤高，是孔子最得意的弟子之一。孔子去世后，他传道于孔子的嫡孙子思，子思（或子思门人）又传道于孟子（轲），形成思孟学派。这是继春秋孔子后，战国时儒学的又一次大发展。曾子（参）因为在儒学传承中作用巨大，被后世尊为"宗圣"。

曾子年轻时住在费地（今山东费县西北），当地有一个坏人，名字也叫曾参。有一天，这个人在市面上行凶，杀了人。曾参的母亲正在家中织布，有人跑来向她报告说："曾参杀人了！"曾母对自己的儿子信得过，知道自己的儿子不会干出这样的事来，便微微笑了笑，说："我儿子不会杀人。"说毕照常织布，不予理睬。过了一会儿，又有一个人跑来对曾母说："曾参杀人了！"曾母心里产生了一点疑虑，开始有点儿慌乱，但略一思索，马上又安下心来，她还不相信第二个人的报告。过了一会儿，第三个人来告诉曾母："曾参杀人了！"曾母听到第三次报信后，扔掉杼（织布的梭子），便翻墙跑了。

这个故事是说：哪怕像曾子这种至孝且道德高尚的人，曾母对其品行又这么深信无疑，也经不住谗言一再袭来而受到影响。足为后世听信谗言者戒。

曾母投杼故事见《战国策·秦策二·秦武王谓甘茂章》及《史记·甘茂列传第十一》。

山东嘉祥武氏祠所刻曾母投杼的故事旁有较多榜题。画面右下横刻"谗言三至/曾母投杼"；左上刻"曾子质孝/以通神明/贯感神祇/著号来方/后世凯式/以正模纲"。画面中刻二人，左面一人双膝跪地，右面一女子坐在一架织布机前，扭过头来，抬起左手，将手中机杼投于地上，似对下跪人训斥，则下跪人应是曾子。这一生动的画面形象表明谗言之害，能达到作画者使人不信谗言的目的。

二桃杀三士

公孙接、田开疆、古冶子是齐景公身边三个武勇的大臣。齐景公的大臣晏婴发现这三个人骄傲跋扈，恐怕将来危害齐国，便对齐景公说：这三勇士"上无君臣之义，下无长率之伦。内不可以禁暴，外不可以威敌。此危国之器也，不若去之"。景公怕除不掉三人反生祸患，感到很为难。于是晏婴出了个主意。他请齐景公派人送两个桃子给三人，说要他们各自摆摆自己的功劳，谁的功劳大谁就可以吃桃子。

公孙接、田开疆先各拿一桃在手上。公孙接说："我曾经接连和两头猛兽搏斗，取得了胜利，保护了齐国百姓，该吃桃。"田开疆说："我曾经帮助齐国打败了敌国的三军，这样的大功可吃桃。"古冶子见他们如此夸功争桃，心里不高兴，要他们把桃放回去。他理直气壮地对他们说："有次齐景公渡河，被河中大鳖咬住马车拖入水中。我潜水逆流行了百步，又顺水追了九里，与大鳖拼死搏斗，终于把它宰了。然后我左手牵着马，右手提着鳖头，保着齐景公安全地渡过了黄河。这种功劳才配吃桃。"他越说越激动，甚至要拔出剑来拼搏一场。公孙接、田开疆听古冶子讲完，各自感到自己的功劳不如古冶子，却抢先拿了桃子，太不对了。两个人悔恨地说："我们的勇力不如你强，功劳没有你大。我们取桃不让是贪，再不去死又是不勇，又贪又怯懦，有何面目活在世间？"于是双双送回桃子，各自拔剑自刎身亡。古冶子见此情景，后悔了。他说："在我们三个勇士中，两人不争功而死，我独活着，是不仁；刚才自己夸功贬低别人，是不义；人家勇敢地死去，而我不死，又为不勇。"他也决定不吃桃，同样挥剑自尽。

晏婴巧妙地以"二桃杀三士"之计谋，帮助齐景公除了祸害，巩固了权位。

此故事出自《晏子春秋·内篇谏下》。

二桃杀三士故事画面的基本格式为：一高柄豆（豆，古代盛食品的盘子），内放置二桃，两旁分立三个戴高冠、穿长衣之人，为三勇士。三人中有伸手取桃者，有拔剑立于旁者。三人外搭配的人有多有少。其中一人较矮，似为晏婴；戴冲天冠者，似为齐景公；其余则为朝臣和侍从。

柳下惠坐怀不乱

柳下惠（前720—前621），姬姓，展氏，名获，字季禽，又有字子禽一说。鲁国柳下邑人。中国古代思想家、政治家、教育家，鲁国大夫展无骇之子。春秋鲁僖公时的大夫，曾掌管刑罚狱讼之事。孔子称其为"被遗落的贤人"，孟子尊其为"和圣"。周襄王三十一年（前621），卒于鲁地故赵村，享年一百岁，谥号为惠。因其封地在柳下，后人尊称其为"柳下惠"，是百家姓"展"姓和"柳"姓的得姓始祖。

作为遵守中国传统道德的典范，柳下惠坐怀不乱的故事广为传颂。这个故事有多个版本，但均无可靠源头。目前最可信的，是西汉毛亨所传《诗经》（"毛诗"）中《小雅·巷伯》篇内记载的鲁人与一妇人的对话。其中妇人说："子何不若柳下惠然？妪不逮门之女，国人不称其乱。"妇人语中"妪"，即以体温暖之义；"不逮"即不及之义，"不逮门"即"不及门"，是不能投宿，回不到家之义。柳下惠"妪不逮门之女"，就是用身体温暖露宿在郊野之女。

在山东嘉祥武氏祠石刻第十二石中的第二层右面，画面正中树下面一男子正抱一冻僵仰卧女子，男子后有脱去的衣袍，右上有榜题"柳惠"。树上刻一鸟，树旁刻一熊，点明地处郊野。这件东汉的作品刻画的正是"姬不逮门之女"这个情节。

颜淑握火，缩屋称贞

颜淑，春秋时鲁国人。颜淑握火，缩屋称贞，是与柳下惠坐怀不乱类似的故事。二者都是颂扬那种以高尚人格为倚恃，不避嫌疑，勇于助人者。而且都是在礼教极度严格的环境中，主人公出面帮助一位身处困境的孤身女人。

在西汉毛亨传《诗经·小雅·巷伯》所载中，是颜淑让邻女入户，为避嫌疑，颜淑让此女执烛至天明，烛尽缩屋取薪继之，陪邻女至天明。（"昔者，颜叔子独处于室，邻之氂妇又独处于室。夜，暴风雨至而室坏，妇人趋而至，颜叔子纳之，而使执烛，放乎旦而蒸尽，缩屋而继之。"）

山东嘉祥武氏祠东汉画像榜题记载，颜淑让邻女入户，为避嫌疑，颜淑自己执烛至天明，烛尽缩笮（屋顶棚上的细木条）继之，陪邻女至天明。（"颜淑独处/飘风暴雨/妇人乞宿/升堂入户/燃蒸自烛/惧见意疑/未明蒸尽/缩笮续之"。）

武氏祠中的该故事画像刻一室二柱，榜题刻作"颜淑握火"和"乞宿妇"。画面中只有两人，并排而坐，但情节交代得很清楚。颜淑一手举着火把，头向后仰，伸出另一只手正在从屋顶抽薪。

史传故事

管仲射小白

齐襄公有两个弟弟：一个是公子纠，母亲是鲁国人；一个是公子小白，母亲是卫国人。原为好友的管仲与鲍叔牙各师事一人。齐襄公诛杀无道，树敌甚多。为避免灾祸殃及自己，鲍叔牙扶持小白躲到了莒国，管仲扶持纠躲到了鲁国。齐襄公十二年（前686），齐国公孙无知突然发动政变，刺死襄公。接着国人又杀了无知。齐国无君。公子纠与管仲、公子小白与鲍叔牙俱匆匆启程返回齐国抢夺君位。公子纠一方得鲁君支持，派兵马护送；鲁君又让管仲另带兵马去半道阻碍小白一方队伍。管仲见到小白一行后，便搭箭射向小白。箭中小白带钩，鲍叔牙即让小白僵躺装死。管仲以为小白已死，遂派人报告。公子纠得到小白已死的消息，遂放慢了行进速度。而鲍叔牙等人一方面假装将小白装上运尸车，并缓缓前行；另一方面与小白另乘车快速行进，抢先进入国都临淄。小白在一些拥护自己的大臣的支持下宣布就君位，是为齐桓公。此时，由鲁国兵马护送的公子纠的队伍才踏入齐国，知道小白即位的消息后便紧急后撤。

管仲射小白故事见《吕氏春秋·开春论第一·贵卒》及《史记·齐太公世家第二》。

山东嘉祥武氏祠左石室第四石第一层刻了这一故事。画面中共五人。左起第二人仰面倒地，示公子小白中箭佯死状。最左一人持伞状物对其护卫、遮挡，应系鲍叔牙在拯救小白。中间一人弓身向左，左手持弓，伸出右手，正是管仲，像是在开弓射伤小白后察看其伤势的样子。右面二人为管仲及公子纠的随从。画面生动形象，对小白、鲍叔牙、管仲三人的形象刻画生动，观之如临其境。

赵盾喂灵辄

鲁宣公二年（前607），赵盾（赵宣子）在首阳山（今山西永济东南）打猎，住在翳桑。他看见一人面黄肌瘦，就去询问他的情况。那人说："我已经三天没吃东西了。"赵宣子就将食物送给他吃，可他却留下一半。赵宣子问他为什么，他说："我离家已三年了，不知道家中老母是否还活着。现在我离家很近，请让我把留下的食物送给她。"赵宣子让他把食物吃完，又另外为他准备了一篮饭和肉。

赵盾喂灵辄故事见《春秋左传·宣公二年》。

赵盾喂灵辄画面，以一人手持一勺、一盂，喂一个于桑树下蹲坐的饿人为基本格式。持勺者为赵盾，蹲坐者为灵辄，其余车马、从属或多或少。

晋灵公袭赵盾

赵盾因为劝谏晋灵公，引起晋灵公的极度反感。晋灵公设计，事先埋伏下武士，请赵盾来宫中赴宴，伺机杀掉赵盾。赵盾的车右提弥明陪同他一起来到宫中，发现不太对劲，就快步走上殿堂对正在饮酒的赵盾说："臣下陪君王宴饮，酒过三巡还不告退，就不合礼仪了。"言罢，扶起赵盾走下殿堂。晋灵公放出獒犬咬赵盾。提弥明没有武器，见恶犬奔来，就徒手上前搏斗，打死了獒犬。赵盾说："君上不用人而用狗，虽然凶猛，但有什么用？"这时，埋伏的武士手拿着戈矛一拥而上。提弥明以一当十，极力保护赵盾，救护主人逃走。武士将提弥明杀死。就在这时，武士中一人突然反戈，勇猛地反击来袭的武士，带着赵盾脱险。脱险后的赵盾问这武士为什么要救他。武士说："我就是你在翳桑救下的饿汉。"说完没有告诉赵盾他的名姓便离开了。

晋灵公袭赵盾故事见《春秋左传·宣公二年》。

申生愚孝

晋太子申生的故事是愚孝的典型。

晋武公晚年娶齐桓公女儿齐姜为妾。晋武公去世，儿子晋献公即位。

晋献公初娶贾国女子为妻，没有子嗣。后与齐姜私通，生下儿子申生（后为太子）和女儿穆姬（后为秦穆公夫人）。齐姜去世后，晋献公纳娶戎族两女（大戎狐姬和小戎子）。狐姬生儿子重耳，小戎子生儿子夷吾。后晋攻骊戎。骊戎献两女（骊姬及其妹妹）与晋献公。骊姬生儿子奚齐，骊姬妹妹生儿子卓子。

晋献公宠幸骊姬，奚齐和卓子也得到晋献公的亲近，对太子申生及重耳、夷吾这三个儿子，自然就越来越疏远。骊姬受宠，想立自己的儿子奚齐为太子。她先是设计让晋献公将申生、重耳、夷吾派到地方去做官，远离都城和权力中心。又过了几年，骊姬趁晋献公外出打猎，让申生带回祭祀他母亲齐姜的胙肉给晋献公。申生将胙肉放在宫中，骊姬便暗中派人在胙肉中下毒。两天后，晋献公打猎回来，厨师将胙肉奉给他。晋献公正要吃胙肉，骊姬从旁边阻止他说："胙肉来自远方，应试试它。"便把胙肉给狗吃，狗死了；给宫中宦官吃，宦官也死了。骊姬就趁机说了许多对太子申生不利的话。晋献公决定杀掉申生。太子申生听说了这消息，逃奔到新城曲沃。晋献公大怒，杀死了太子申生的老师杜原款。公子重耳对太子申生说："你应该将事情经过告知父君。"太子申生说："不行。我父君年老，又宠爱骊姬。如果没有骊姬，他就会睡眠不安，饮食不甘。如果我声辩，骊姬必定有罪。父君年老，骊姬有罪会使父君不高兴，我也会忧郁不乐的。"重耳又对申生说："那你可以逃到其他国家去。"申生说："国君还没有查清我的罪过，带着杀父的恶名逃奔，谁会接纳我？我自杀算了。"十二月二十七日，太子申生在新城曲沃上吊自杀。

太子申生故事，在《春秋左传》（庄公二十八年至僖公十年）、《史记·晋世家第九》和《礼记·檀弓上》中，有详细记载。

汉画申生愚孝故事，选取了时间有先后的几个情节组合在一起。画面中心是被毒死的狗，旁边是持刀欲自杀的申生，人物还有晋献公、骊姬及其儿子奚齐、臣属等。

范雎罪释魏须贾

战国时期魏国人范雎，字叔，才华出众。他曾游说诸侯，又欲效力于魏王，但因家境贫寒，无资金可供他去接近上层，只好先在魏国中大夫须贾手下做事。后须贾出使齐国，范雎随行。他们在齐国停留了几个月，并无建树。临回国前，齐襄王听说范雎是个有才能的人，想结交他，就赏赐给他"金十斤及牛酒"。范雎没有收。须贾听到此事后很生气，怀疑范雎把魏国的机密告诉了齐国。回国后，他把自己对范雎的猜想报告给魏国的执政者魏齐。魏齐听后大怒，命人把范雎捉来，狠狠地鞭打了一顿，直至打断了肋骨，打掉了牙齿。范雎假装死亡，才免于再挨打。魏齐、须贾命人用席子把他裹起来扔到厕所里,喝醉酒的宾客还把尿撒在他身上。后范雎得郑安平救出,更名张禄,并被推荐给出使魏国的秦国官员王稽。经王稽考察,知道张禄是有谋略之人,遂暗中带其出魏国,至秦后推荐给秦昭王。范雎得秦昭王信任,最后拜相,封为应侯。他先后提出强王权,弱外戚;改变固缩关中现状,积极用兵六国;提出(对六国)"远交近攻"策略;修栈道,通巴蜀;用反间计促成长平大捷。经过这些努力和行动,秦在军事上取得了主动,威震六国。范雎初为相时,与秦交壤的是楚、韩、魏、赵四国。四国中楚、赵的军事力量较强大,稍弱的韩、魏两国便是"远交近攻"的首选。魏国为了交好秦国,派须贾出使秦国,主要任务是拜访相国张禄。范雎知道须贾来了,想起当年被诬之仇,他又想进一步考察须贾的为人,便特地穿上破旧的衣服,装作落魄的样子去见须贾。须贾见范雎未死,流落秦国,冬天穿得如此单薄,心生怜悯,便留他吃了饭,还将一件厚丝做的绨袍送给了他。在他们的言谈中,须贾提到要拜会相国张禄,范雎答应替他引见,并且借给他一辆四匹马拉的车子,还亲自为他驾车。二人乘车来到相国的府门前,范雎先进去。须贾在外面久等不见人出,向守门人问起时,才知道范雎就是相国张禄。须贾不禁大惊失色。他马上按当时请罪的方式袒露上衣,跪行到了范雎的面前,向他叩头谢罪。范雎爱憎极为鲜明,史书说他"一饭之德必偿,睚眦之怨必报"。范雎数落了须贾的三宗罪,又因其赠绨袍,有故人之意,饶恕了他。

范雎罪释魏须贾故事见《史记·范雎蔡泽列传第十九》。

西门豹治邺

西门豹是战国时期魏国魏文侯时人,出任邺(在今河南安阳北、河北临漳西一带)令。他到邺县后,会集地方上德高望重的人,问当地老百姓的疾苦。这些人说:"苦于河伯娶妇事,所以贫困。"西门豹问这是怎么回事,回答说:"邺县的三老、廷掾每年都要向老百姓征收赋税、搜刮钱财,收取的钱有几百万,他们只将其中的二三十万用于河伯娶妇,剩余的钱就被廷掾和祝巫一起瓜分了。在河伯娶妇那段时间,女巫看到小户人家的漂亮女子，便说：'这女子合适做河伯的媳妇。'马上下聘礼娶去。给她洗澡洗头，给她做新的丝绸花衣，让她独自居住并沐浴斋戒。并为此在河边上给她做好闲居斋戒用的房子，张挂起赤黄色和大红色的绸帐，这个女子就住在里面，还给她备办牛肉酒食。这样经过十几天，大家又一起装饰点缀那个房子，就像嫁女儿一样备置床铺枕席，让这个女子坐在上面，然后把它浮到河中。起初在水面上漂浮着，漂了几十里便沉没了。那些有漂亮女子的人家，担心女儿被大巫祝替河伯娶去，大多带着自己的女儿远逃他方。如此一来，城里越来越空荡无人，就更加贫困。这种情况由来已久了。现今老百姓中就流传着这种话：'不给河伯娶媳妇，就会大水泛滥，把老百姓淹死。'"西门豹说："河伯娶媳妇那天，希望三老、巫祝、父老都到河边去送新娘。有幸也请你们来告诉我这件事，我也要去送送这个女子。"这些人都说："是。"到了为河伯娶媳妇的日子，西门豹到河边与长老相会。三老、官员、有钱有势的人、地方上的父老也都会集在此，看热闹来的老百姓也有两三千人。女巫是个老婆子，已经七十多岁。其随从女弟子有十来个人，都身穿丝绸单衣，站在老巫婆的后面。西门豹说："叫河伯的媳妇过来，我看看她长得漂亮不漂亮。"人们马上扶着这个女子出了帷帐，走到西门豹面前。西门豹看了看这个女子，回头对三老、巫祝、父老们说："这个女子不漂亮。麻烦大巫婆去禀报河伯，需要重新找一个漂亮的女子，迟几天给他送去。"就叫差役们一齐抱起大巫婆，把她抛到河中。过了一会儿，说："巫婆为什么去这么久？叫她弟子去催催她！"又把她的一个弟子抛到河中。过了一会儿，说："这个弟子为什么也这么久？再派一个人去催催她们！"又抛一个弟子到河中。总共抛了三个弟子。西门豹说："巫婆、弟子，这些都是女人，不能把事情说清楚。请三老替我去说明情况。"又把三老抛到河中。西门豹帽子上插着簪，弯着腰，恭恭敬敬，面对着河站着等了很久。长老、廷掾等观看者都惊慌害怕了。西门豹说："巫婆、三老都不回来，怎么办？"他想再派一个廷掾或者长老到河里去催他们。这些人都吓得在地上叩头，头叩破了，血流一地，面如死灰。西门豹说："好吧，再稍等片刻。"过了一会儿，西门豹说："廷掾可以起来了。看样子河伯留客要留很久，你们都回家去吧。"邺县的官吏和老百姓都吓坏了。从此以后，无人敢再提河伯娶妇的事。

西门豹接着就征发老百姓开挖十二条渠道，引漳河水灌溉田地。那时候，老百姓对开渠感到有些厌烦劳累，不大愿意。西门豹说："可以和老百姓共享成功的快乐，如何开始，倒不必和他们商量。现在父老子弟会因我受苦而埋怨我，但百年以后他们的子孙就会想起我今天说的话。"邺县至今都得到水利，老百姓家给户足，生活富裕。

西门豹治邺故事见西汉褚少孙《史记·滑稽列传第六十六》补注。

李善抚孤

东汉南阳郡淯阳（位于今河南南阳南）人李善，字次孙，是本县李元的苍头（仆役）。东汉光武帝建武时期，当地发生严重的瘟疫，李元家的人相继死去，只活下来一个刚生下几十天的孤儿李续，并留下家产千万。李家的奴婢们私下商议，要把留下的独苗李续害死，分掉主人家的财产。李善非常痛惜主人家的悲惨遭遇，不赞成这种不义之事，但以自己的微小力量，挡不住那些意图分产业的人的行动。他偷偷把主人的孩子背到身上，趁夜里逃出了李家。李善背着不满周岁的婴儿，向东逃到山阳瑕丘县（今山东济宁兖州区）中。在十分艰苦的条件下，李善对李续照料备至。他亲自哺育李续，身体竟产出了乳汁。在抚养李续的过程中，李善对这个孩童一直当小主人看待，凡事均告知他，得到同意才去办理。李善的行为感动乡里，许多人学习李善，改变了民风。十年后，李善带着李续回到本县，收拾旧时产业，那些私分李家产业的人也悉数受到了官府的惩罚。时任瑕丘令的钟离意，向皇帝上书，报告了李善的所作所为。光武帝下诏，拜李善和李续并为太子舍人。

李善抚孤故事见《后汉书·独行列传》。

李善抚孤汉画图像，今仅存山东嘉祥武氏祠内一幅，已残缺不全。好在宋代洪适《隶续·卷六》有此祠堂画像部分摹本，李善抚孤即为其一。从摹本中可看到，有一帏帐，下有三人，中间一个盆内有一仰卧的婴儿，上题"李氏遗孤"，即李续。右面站立一个女子，右手拉婴儿手，为李氏诸婢，意欲将此婴拉出去抛弃。左面向右拱手下跪的一个人上题"忠孝李善"（已残渺不清），意为李善向诸婢哀求，请求留下婴儿性命。

信陵君迎侯嬴

战国后期，魏之信陵君魏无忌、赵之平原君赵胜、楚之春申君黄歇、齐之孟尝君田文，并称战国四公子。他们均以礼贤下士，广纳人才闻名后世。其中魏之信陵君魏无忌，被名为四公子之首。他最有名的一件事，就是"窃符救赵"。信陵君能够完成窃符救赵这一伟业，有两个人最为关键。这两个人就是侯嬴和朱亥。此二人都是隐于市的高人，侯嬴是国都大梁城门的守门人，朱亥是大梁集市中的屠夫。他们多次拒绝信陵君的邀请，最后在信陵君的谦恭和诚意下，终于同意接受他的招纳。

信陵君迎侯嬴，事见《史记·魏公子列传第十七》。

汉画信陵君迎侯嬴，表现的就是侯嬴对信陵君的最后一次考验。信陵君大宴宾客，坐定后，他请宾客稍候，遂亲自执辔驾车，虚左（最尊贵的位子），往城门口去迎侯嬴。侯嬴又让信陵君驾车到市集中，下车与朱亥见面，故意慢慢聊天，看信陵君的反应。此画像即为侯生见朱亥时的情景。此图像虽然很残缺，但仍能见长款榜题"公子无忌魏信陵君虚左招贤自迎侯嬴过屠朱亥言语公子颜色不改"及人物榜题"侯嬴"等字。图中存留清晰之人物图像，为一执辔者，其从容而安定，当为信陵君。

泗水捞鼎

从考古材料看，鼎由史前陶鬲演变而来，本是烧水和蒸煮食物的炊具。后来材料变为青铜，人们在它上面加上一些纹饰，精心铸造，而成为一种祭祀祖先和神灵的主要祭器。《史记·孝武本纪第十二》记有司语："闻昔大帝（伏羲）兴神鼎一，一者一统，天地万物所系终也。黄帝作宝鼎三，象天地人也。禹收九牧之金，铸九鼎，皆尝鬺烹上帝鬼神。遭圣则兴，迁于夏商。周德衰，宋之社亡，鼎乃沦伏而不见。"《汉书·郊祀志》详细叙说了九鼎：九鼎象征着九州（豫、冀、兖、青、徐、扬、荆、雍、梁州），代表着禹统治天下的权力。九鼎上面刻着"百物"，有助人行善的神物，也有害世吃人的鬼魅。人们熟悉了宝鼎的图像后，无论走到哪里都可分出好坏善恶。因为宝鼎是立国必备之物，传世之宝，所以便随着王室而迁移。故一个国家建立叫作"定鼎"或"鼎新""鼎革"。得九鼎就是承天命，得九鼎之人得天下，就是受命于天，就是正统。相传夏朝灭亡，九鼎转入商邑。商朝灭亡，九鼎又传入周朝的洛邑。周得九鼎，"普天之下，莫非王土。率土之滨，莫非王臣"。

《春秋左传·宣公三年》记载，公元前607年，春秋五霸之一的楚庄王率兵打陆浑戎，过周王居处洛邑，对周天子（周定王）派出使臣王孙满，问鼎之轻重。其得天下之心昭昭然。

周显王四十二年（前327），周室九鼎全部沉入泗水。周室王权也名存实亡。

公元前221年，秦统一中国。没有九鼎的传承，始终是秦始皇的一个心结。《史记·秦始皇本纪第六》记载，秦始皇二十八年（前219）嬴政东巡，"过彭城，斋戒祷祠，欲出周鼎泗水。使千人没水求之，弗得"。为什么没有打捞出周鼎？《史记》没有更详细的交代。北魏郦道元则根据汉以来的传说，将事情脉络理清。《水经注·泗水》云："周显王四十二年，九鼎沦没泗渊，秦始皇时而鼎见于斯水。始皇自以德合三代，大喜，使数千人没水求之，不得，所谓鼎伏也。亦云系而行之，未出，龙齿啮断其系。故语曰：称乐大早绝鼎系。当是孟浪之传耳。"今天所见汉代泗水取鼎图像，情节多与《水经注》所记吻合，说明《水经注》所记乃本于汉人。

《史记·孝武本纪第十二》记载，元朔六年（前123）六月，山西汾阴地中出一鼎。武帝使人查验属实，送至长安。路途上出现各种祥瑞（时而天清气爽，时而黄云如盖，等等）。至长安后，百官认为这些祥瑞表示汉得天下是受命于天，德配天地。武帝遂将此鼎置于祖庙享祀，并改年号为"元鼎"。

始皇失鼎，二世而亡；汉武得鼎，国祚四百余岁。原因是不是这个且不论。起码说明鼎在古人心中，地位非同一般。

鸿门宴

刘邦和项羽带兵先后打进关中。刘邦有兵力十万，驻军霸上；项羽有兵力四十万，驻军新丰鸿门。两地相距四十里。刘邦军内左司马曹无伤带话给项羽，说刘邦想在关中称王，已做好了一切准备。项羽的军师范增对项羽说："我请会望气的人看了刘邦，其气如龙虎状，具五色，是天子之气。必须赶紧杀掉。"项羽决定第二天发兵，除掉刘邦。项羽的叔父项伯曾得张良救助，又得刘邦善待，则在项羽面前为刘邦开脱，说："刘邦先入关进咸阳，什么都未动，封存好一切，就等你来处理，哪来的反叛之心。"这使得项羽对杀不杀刘邦有些犹豫。第二天刘邦带领一百多人来到鸿门，项羽在自己的军帐内设宴款待刘邦。席间范增多次示意项羽动手，项羽均无反应。于是范增出帐外安排项庄来执行刺杀。项庄入军帐，以宴饮无娱乐为理由，愿舞剑助兴。得到项羽同意后，项庄舞剑，随时准备击杀沛公。紧急时刻，参加宴饮的项伯站起来拔剑与项庄对舞，处处提防项庄的袭击。张良看情况太危险，遂出帐找到随行的勇士樊哙，叫他入帐去保护刘邦。樊哙硬闯入军帐内，化解了剑拔弩张的气氛，之后坐于张良身旁，护卫着刘邦的安全。之后不久，刘邦借口上厕所出帐外，布置张良留下应酬，自己带领樊哙等四人，悄悄走小路返回自己军营。张良在估计刘邦没有危险后，进帐与项羽、范增等周旋。张良告知刘邦已离去的消息后，将刘邦留下的礼物赠送给项羽和范增。项羽收到刘邦的礼物玉璧一对，便放置身旁。而范增得到礼物玉斗一对，则放于地上，用剑击碎，并预言项羽一方最终将完败于刘邦。

鸿门宴故事详见《史记·项羽本纪第七》。

忠义故事

赵氏孤儿

两千五百多年前的春秋时代,以战功起家的晋国贵族赵氏家族,权势和声望不断膨胀,甚至让国王晋灵公都艳羡恐惧不已。赵盾死后,赵朔袭职辅佐晋景公。身居司寇的屠岸贾准备以弑君乱臣之名,发动对赵氏的攻击。大将韩厥让赵朔逃亡,赵朔不肯,说道:"子必不绝赵祀,朔死不恨。"(只要将军答应我你不绝我赵氏后代,我死而无憾。)可是他自己都没有想到这个后果有多严重。屠岸贾不经晋景公允许便带着军队围攻赵朔居住的下宫,杀死了赵朔和他的几个叔叔(赵同、赵括、赵婴齐等),并且尽灭其族。而在这场大灾难中,只有三个人侥幸活了下来:赵朔的夫人为晋成公的姐姐,跑入晋宫幸免于难,还有就是赵朔的门客公孙杵臼和赵朔的好友程婴。公孙杵臼问程婴为何不以死殉节。程婴对杵臼说:"赵朔妻已有身孕。若生下男孩,我要侍奉养大他;若生下女孩,我就慢慢死吧。"赵朔夫人在晋宫中躲了几个月后,终于分娩,生下了一个男婴。屠岸贾很快知道了这个消息,便向宫中索要这个孩子。很显然,此时的晋景公已经没有任何权力可言。屠岸贾命人守住宫门,自己亲自进去搜索。赵朔妻毫无办法,只好把男婴夹在胯下,祷告说:"如果天要灭赵氏,你就哭吧;如果天不想灭赵氏,你就别哭。"一顿彻底的搜查后,屠岸贾只看到了一旁默默伫立的赵朔妻,却没有搜到婴儿。屠岸贾认为孩子肯定被偷偷转移走了,便向城外搜去。这样赵氏母子才得以幸免。程婴得知此事后赶快找来公孙杵臼商议。公孙杵臼突然对程婴发问:"立孤与死孰难?"(死与抚育孤儿成人,两者哪件难?)程婴回答说:"死容易,抚育孤儿难。"公孙杵臼坚定地说:"那请你承担难的那件事,我去承担容易的,让我先死去吧。"二人找了一个婴儿,为其穿上赵氏孤儿的衣服……一切安排妥当后,程婴突然向参与这次杀戮的将军告密:"谁能给我千金,我马上把孩子的藏匿之处告诉他!"这些将军听了非常高兴。最高兴的当属屠岸贾,他马上拿出千两黄金给程婴。程婴二话没说带着这些叛乱的军人到了公孙杵臼的家门前。公孙杵臼见到程婴便破口大骂:"程婴你这个小人!当初下宫之难你没死,口口声声说要与我好好抚养赵氏孤儿,今天却把我卖了。你纵然是不能抚养孤儿,又怎能忍心出卖他呢?"说完公孙杵臼抱起孤儿大哭,又道:"天哪,天哪!这个孩子有什么罪?请你们放过他吧,只杀我公孙杵臼就可以了。"可是那些将军们没有给公孙杵臼留下这个希望,还是杀死了公孙杵臼和这个可怜的婴儿。诸将以为赵氏孤儿已死,皆喜。赵氏孤儿就这样留存了下来,被程婴藏匿在了山中。这个孩子就是日后的赵武。晋景公十五年(前585),晋景公突然病了,韩厥把一切实情和盘托出。景公从国家大局考虑,决定重新确立赵氏的权威。遂与韩厥定计,将赵武接进宫中。待当年参与杀赵氏的诸位将军来问安时,都被韩厥的人拿下。这些将领说当时参与攻赵氏,不知屠岸贾是自作主张,以为是奉景公之命,并表示愿拥立赵氏。不久赵武率军攻打了屠岸贾,屠岸贾就此被灭了族。赵武成人后,程婴向诸大夫辞行,然后告诉赵武说:"当年你家遭遇大难,我没有死,就是因为要抚育你成人。今天这个愿望实现了,赵家也复位了,我可以去回复赵朔和公孙杵臼了。"赵武哭着对程婴说:"您怎么能忍心离我而去呢?"程婴说道:"公孙杵臼把生的希望留给我,他自己选择了死,就是认为我能把你养育成人。我若不去见他们,他们会以为事情没有办成呢。"说完,程婴就自杀了。

赵氏孤儿的历史故事出自《史记·赵世家第十三》,刘向的《新序》《说苑》也有记载,元代时改编为杂剧,流传就更广泛了。

赵氏孤儿汉画图像,现所见有两幅。其中一幅有众多榜题,把情节基本说清。可惜此石已被盗往国外,现国内仅存拓片。拓片有长款榜题:"程婴杵臼/赵朔家臣/下宫之难/赵武始娠/屠颜购孤/诈抱他人/臼与并殪/婴辅武存"。图中屋外一人旁有榜题"杵臼",当为公孙杵臼。

季札挂剑

春秋末年,吴国有个公子叫季札。他是吴王寿梦的少子。此人有贤才,更有好名声。吴王要立他为嗣，季札不愿越礼，拒不接受。后封于延陵（今江苏常州武进区），人称延陵季子。他曾受吴王之命出使过许多国家，进行考察和外交联络活动。每到一地，他都广交当地贤士与士大夫，受到各国的尊重。他曾到过鲁国，在鲁国听到有人奏周朝初年的古乐，十分高兴，发出"周礼尽在鲁矣"的慨叹。一次季札受命出使。他先过北边徐国。徐君很喜欢季札佩带的剑，但不好开口求取。季札明白徐君的意思，但出使中剑是必须的配备，就没给徐君，心想出使完毕归来时再送给徐君。归来时，徐君已过世。于是季札就到徐君墓冢前，将剑解下，挂于冢树而去。随从问季札："徐君已死，为何还要赠送？"季札说："我已将剑心许他了，怎能因他去世而违背我的许诺？"

季札挂剑故事见《史记·吴太伯世家第一》。

义主范赎

故事详情待考。据汉画图中长款及榜题残留之文，可知为陈留外黄人范赎之兄犯事，受刑具桎拷，范赎到官府求代兄受此刑具。

榜题文字："义主范赎/陈留外黄/兄……赎诣寺门/求代考躯"，"外黄狱吏"，"范赎兄考"，"□□令"，"亭长"，"范赎"。

此图榜题"范赎兄考"及长款内"求代考躯"中之"考"字，瞿中溶据《后汉书》《隶续》，认为即拷掠之义，"考"即拷。（详见清瞿中溶《汉武梁祠画像考·卷六》同治六年〈1867〉吴兴刘氏希古楼刊本。）

王陵母

王陵与汉高祖刘邦同为沛县人。刘邦卑微时，王陵已是一方豪士。那时刘邦将王陵当作兄长对待。后刘邦起兵反秦，王陵也召集了几千人跟随刘邦。破秦后，楚汉相争，刘邦与项羽互为敌方。项羽想劝王陵归顺，将王陵母劫往营中百般款待。王陵派使者去探望老母。王陵母对使者说："回去告诉王陵，好好跟随汉王（刘邦）。汉王这个人有胸怀、有志向，莫要因为我生出二心。就说我已死了。"说完话，王陵母就自杀了。如此就使王陵没有了半点动摇之心。王陵跟随刘邦取得天下后，于高祖六年（前201）八月，封为安国侯。

王陵母故事见刘向《列女传》卷八及《汉书·张陈王周传》。

曹子劫桓

鲁的北邻齐国内乱时，鲁国曾派军队进入齐国干预，欲置公子小白于死地。小白即后来的齐桓公。齐桓公继位后，任用管仲等一批能干之人，国力很快强盛起来。齐曾灭了东方的夷族，势力扩张到东海；对其南面的鲁国，自然不断用兵。鲁国人曹沫，是个很勇武的人，在鲁庄公时为将。但在强齐面前，他接连三次吃了败仗。鲁庄公面对军事上的失利，愿献出遂邑之地求和。齐国同意求和，定在柯（在今山东东阿）这个地方会盟。会盟时，国君在坛上，群臣就座于坛下。会盟中，曹沫突然走上坛，一手持匕首，一手抓住齐桓公，怒形于色。这时坛上的其他人，包括卫士，都不敢乱动。桓公问曹沫要干什么。曹沫说："齐国恃强侵占了我们的许多土地。我只要求归还被侵占之地。你看着办吧。"桓公答应后，曹沫松开手，扔掉匕首，面不改色地返回坛下，就群臣之位，言谈如常。齐桓公想反悔并杀了曹沫。管仲说："不要，把土地还给他们。鲁庄公是你的仇人，曹沫是个贼人，在这种人面前你都会遵守信用，天下还有谁会不相信你呢？"齐国退还了前几战得到的土地，包括曹沫三战败北丢失的土地。齐、鲁两国订立了休兵的盟约。

曹子劫桓的故事，《春秋公羊传·庄公十三年》《吕氏春秋·离俗览第七·贵信》都有记载；更生动、具体的内容，则见《史记·齐太公世家第二》和《史记·刺客列传第二十六》。

专诸刺吴王

专诸，春秋末年吴国堂邑（今江苏南京六合区）人。伍子胥流落吴国时，见专诸"与人斗，将就敌，其怒有万人之气，甚不可当"（《吴越春秋·王僚使公子光传第三》，后同），又观其貌，"碓颡而深目，虎膺而熊背"。知道此人是一勇士，便私下与他交往。其时吴国国王余昧死后，依理应该公子姬光即位，但几经辗转，姬僚依仗强权当上了国君。公子光心中不服，早有除去吴王僚的打算。后遇见在楚国被害而流落街头的伍子胥。经伍子胥推荐，他认识了专诸。公子光便与专诸结为好友，计划刺杀吴王僚的事。专诸说："家中母老子弱，两个弟弟又随军出征楚国被围困。心有顾忌。"公子光立即表态："我身即你身。"意即你的亲人就是我的亲人。专诸对公子光说，对吴王僚，只有投其所好方能接近。专诸了解到吴王僚喜欢吃鱼，特地到太湖学了一手烹调鲜鱼的好本事，准备伺机动手。

吴王僚十三年（前514），公子光设宴请吴王僚。吴王僚知道公子光对自己有怨恨之心，很提防他。但又一想，如果不去便是失礼，还是前去，只要严加卫护，亦可保证安全。于是吴王僚带去百十名卫兵，操长戟，带利刃，不离左右，自己还穿上三重厚的甲前去赴宴。宴会至酒酣耳热之际，公子光说足疾发作，十分疼痛，要到里面用布包一包，便进到里屋去了。这时专诸手捧托盘，里面盛着一条大鱼，走了过来。专诸早做好一柄小剑，藏于鱼腹之中。他走到吴王僚面前献鱼的时候，忽然从鱼中拔出匕首，照着吴王僚的胸膛猛刺了过去。因用力很猛，直刺透三层坚甲，透出背脊。吴王僚大叫一声，顿时气绝身亡。周围卫士一起上前，刀戟并举，杀死了专诸。公子光这时指挥事先埋伏好的甲士包围并杀光了吴王僚的卫士。公子光宣布吴王僚的罪状，自己即位为王。他就是历史上的吴王阖闾。吴王阖闾就位后，即封专诸之子为上卿。

专诸刺吴王之事，《春秋左传·昭公二十七年》《史记·刺客列传第二十六》《吴越春秋·王僚使公子光传第三》均有记载。

要离刺庆忌

专诸刺死吴王僚后,公子光自立为王(吴王阖闾)。他通过努力,稳定了吴国的局势。阖闾知道吴王僚有个儿子,叫作庆忌。此人十分勇猛,"筋骨果劲,万人莫当"(《吴越春秋·阖闾内传第四》)。如不除掉,必为后患。阖闾又找到伍子胥,请他推荐人刺杀庆忌。伍子胥便推荐了要离。要离是个身形矮小,容貌丑陋的人。阖闾见其瘦弱,问他如何刺杀庆忌。他说:"君王想要杀他,我便能杀他!"他设想了一个接近庆忌的苦肉计:让吴王借故断其右手并杀死他的妻子。要离在身残家破的情况下,逃出吴都,投奔了庆忌。他对庆忌说起了吴王的残忍,又说起吴国众叛亲离,并愿替庆忌操练人马,伺机复国。庆忌遂对他深信不疑。要离帮助庆忌训练水军,三个月后,选好一个合适的时机,顺流而下去攻打吴国。庆忌与要离共乘一船,要离坐于上风处。行至中流,要离借风势突然拔剑猛力刺向庆忌。庆忌突遭袭击,并不畏惧,只手把要离提起来,将其头溺于水中,反复三次摔其头。然后把他提起来抱到膝上,苦笑着对要离说:"这算是天下勇士呀,才敢加兵刃于我!"庆忌左右欲杀死要离,被他止住,说:"这是天下难得的勇士。我已快死了,不要一天连死两个勇士。"又对左右说:"放他回吴国吧,以彰扬他的忠心。"庆忌死后,要离到了江陵,再不前行。别人问他为何不继续前往吴国国都。他说:"我为了国君让妻子去死,这是不仁;为了新就位的国君去杀已故国君的儿子,这是不义;庆忌三次将我的头浸入水中而不杀死我,我认为是最大的屈辱。不仁不义又受尽屈辱,我还有什么面目活在世上。"遂自杀身亡。

要离刺庆忌的故事,见《吕氏春秋·仲冬纪第十一·忠廉》《吴越春秋·阖闾内传第四》。

豫让刺赵襄子

豫让是晋国侠士毕阳之孙，春秋末年人。他曾投奔晋国的范氏和中行氏两个大夫，但都被当作泛泛之辈对待。后来改投到智伯门下，却受到格外的宠信，因而他对智伯特别敬重。后来智伯带领韩、魏军队围攻赵襄子。赵襄子则暗中联络韩、魏，趁机灭了智伯。赵、韩、魏三家瓜分了智伯的土地，赵襄子还将智伯的头骨做成饮器，以泄心中之愤。逃到山中的豫让得知此事，说："士为知己者死，女为悦己者容。"他决心为智伯报仇，刺杀赵襄子。豫让改变姓名，装成受过刑的人，混入赵襄子宫中，等在厕中要刺杀赵襄子。赵襄子如厕时突然心跳，叫来卫士，捉住正在清洗厕所的豫让。赵襄子见豫让身藏兵器，知道他是来为智伯复仇的。左右要诛杀豫让，襄子说："这是一个义士，放了他吧。我以后小心点儿就是了。"豫让仍不甘心，决心再次对赵襄子行刺。为准备这次行刺，他在身上涂满生漆，使身上长满癞疮，又刮光了胡须眉毛，假扮成一个乞丐，在市集上行乞。他的妻子遇见他后说："这个人看容貌不像是我丈夫，但是声音为什么很像呢？"于是他又用吞炭的办法，改变了自己的声音，决心在外形与声音上不让别人认出自己来，以利行刺。不久，他打听到赵襄子要外出，于是就埋伏在赵襄子要路过的桥下，伺机刺杀赵襄子。谁知赵襄子一到桥边，马就惊了。赵襄子说："肯定是豫让。"卫士很快就在桥下抓住了豫让。襄子问豫让："你以前也跟随过范氏、中行氏，后来智伯杀了范氏、中行氏，你不为他们复仇，还投靠了智伯。而现在智伯已死，你却不复仇不罢休。这是为何？"豫让说："当初我跟随范氏、中行氏，他们从不关心我的冷暖饥饿，把我当一个普通人畜养。而智伯对我如国士，处处关心我，优待我。所以我的回报，对范氏、中行氏就如普通人，对智伯就必须如国士。"赵襄子听后说："你对智伯，该做的已做了，名既成矣。我饶过你一次，也够意思了。你这次又行刺我，我不会再放过你了。"然后让卫士围住豫让。豫让对赵襄子说："君主已饶过我一次，天下人都在称颂你的贤德。我今天的行为自然该死。我希望君王能成全我，在我死之前，将你的衣服给我，让我刺一下，我死而无憾。"赵襄子再一次为他的义气所感动，把衣服脱了下来，让卫士交给豫让。豫让拔出剑来，三次跃起，挥剑刺向衣服，仰天而呼："我可以到地下回报智伯了！"然后伏剑自杀。

豫让刺赵襄子，事见《战国策·赵策一·晋毕阳之孙豫让章》《吕氏春秋·季冬纪第十二·不侵》《吴越春秋·恃君览第八·恃君》，后《史记·刺客列传第二十六》及《说苑》也记载其事。

聂政刺韩王

聂政刺韩是两个故事：一是聂政刺韩傀（韩相侠累）；一是聂政刺韩王。《战国策》《吕氏春秋》《说苑》及《史记》等书，记载的是聂政刺韩傀的故事。蔡邕《琴操》中记的是聂政刺韩王的故事。《琴操》一书现已不存，《四库全书》亦未收入。《太平御览·卷五七八·乐部十六·琴中》详细记有聂政刺韩王故事，系抄自蔡邕《琴操》，可见是书北宋时尚存。刺韩傀是替雇主杀人，属纯粹的刺客行为；刺韩王是报杀父之仇，符合汉代及先秦的道义。目前所见汉画图像，描述的是聂政刺韩王故事，与蔡邕所记古琴曲内容一致。可见东汉时期，人们在宣扬侠义精神时，也是有选择的。

故事如下：

聂政的父亲为韩王治剑，未如期完成，被韩王处死。当时聂政还未出生（遗腹子）。以后聂政长大，问起自己的父亲，母亲便告知他实情。聂政决定杀韩王为父报仇。他学会洗刷技能，以清洁人员的身份混入王宫，拔剑刺韩王，没有成功。聂政逃出王宫，翻过城墙，逃入太山。在山中他遇见一位仙人，就向他学琴。同时他用生漆涂抹身子，弄成满身癞疮的样子；吞碳破坏嗓子，改变声音。七年后他琴技学成，出山赴韩。路途上他遇见了自己的妻子，妻子已认不出他了。他对着妻子笑了一下，他妻子却哭了起来。聂政问她为何哭泣。他妻子说："我丈夫出门七年没有消息，我一直在思念他。你的牙齿很像我夫君的，触动了我的思念，就哭了。"聂政说："天下相同的牙齿很多呀，你何必哭泣？"说完匆匆返回山里。他为自己这一点小疏漏感到后怕，便用石头敲掉好些牙齿，又停留三年，带着琴再次出山。这次没有人能认出他了。聂政在韩国都城阙下弹琴，观者成行，马牛止听，惊动了韩王。韩王召见聂政入宫弹琴。聂政将刀藏于琴中入宫。在弹琴过程中，找准机会，抽刀杀死了韩王，血了父仇。此时聂政的亲人中只有一个姐姐还在世。为了不连累她，聂政在刺杀了韩王后自残——用刀划烂脸部，挖出眼睛，切开肚子，肠子流了一地。韩国官吏将聂政尸体陈设在大街上，悬重金让人辨认。聂政的姐姐听到消息，到现场一看便认出是他弟弟。她想，我弟弟如此壮烈，绝不能让他埋名。她便告知大家，这是他弟弟，名叫聂政。说完她也自杀了。后人评论：聂政壮烈，他姐姐同样壮烈。聂政刺韩王这件惊天动地的事件为世知晓，是他姐姐用生命换来的。

蔺相如完璧归赵

战国后期，秦成为军事强国，时不时借口对他国用兵，蚕食诸侯土地。秦昭王在得知赵惠文王得到了价值连城的楚国和氏璧后，给赵国发出书信，提出以秦国十五城交换此璧。赵王接到书信后，急召大臣商议，大家都面露难色，不知该怎么办。如果同意交换，怕秦国负约不给城；不同意交换，又怕秦国借故兴兵。有人建议派一个有勇有谋的人带着玉璧到秦国相机行事，蔺相如便被推举了出来。他勇敢地接受了任务，带着玉璧到了秦国。秦昭王听说赵使将璧送来，十分高兴，宣蔺相如入见。在秦宫，蔺相如将玉璧奉上，秦王见此璧洁白无瑕、光彩照人，真稀世珍宝。看毕又传给众美人、众大臣看。大臣们看后山呼万岁。蔺相如在一旁等了很长时间，只见玉璧传来传去，就是没有人提换城之事，知道秦王是想无偿夺取这稀世之宝。于是他对秦王说："此璧有一微小瑕疵，我给大王指出来。"秦王遂命左右把璧给蔺相如。蔺相如得璧在手，连退数步，靠在殿柱上，怒发冲冠，对秦王说："秦王欲仗强力侵吞此宝，无偿城之意，臣遂把璧取回来。大王要是逼我的话，今日臣头与此璧一起触柱，与璧俱碎。"秦王怕他把璧碰坏，态度马上软了下来，劝蔺相如莫要生气。他连忙让人拿出地图，画出十五个城给赵国。蔺相如知道秦国会使诈，便说："此璧为天下至宝，当初赵王送此璧入秦时，曾斋戒五日。今大王也应如此对待，方可奉上。"秦王只好答应下来。蔺相如怕秦王日后再凭强权索取，回到馆驿后，马上令从者扮作贫人模样，将璧系于怀中，连夜抄小道送回赵国。

蔺相如完璧归赵故事见《史记·廉颇蔺相如列传第二十一》。

山东嘉祥武氏祠后壁画像第三层右侧刻蔺相如与秦王争辩的情景。画面中共三人，右为蔺相如，中为秦王（上题"秦王"二字），左为侍者。中有十字榜题"蔺相如赵臣也/奉璧于秦"。蔺相如身佩旌节，体躯向右，脸向后转，两手高举，右手高擎一大璧，示其身与璧俱毁之志。中间冠服佩剑带须的秦王则急忙伸臂扬手向前阻止。人物形象十分生动，令人见之如临其境，如闻其声。

荆轲刺秦王

荆轲本是战国时齐人，后迁居于卫国。此人机智勇敢，好读书、击剑，能文能武。到了燕国后，谋士田光把他推荐给燕太子丹。太子丹以上宾的礼节接待他，称其作荆卿。当时秦国势力很强，不停地向六国出兵。当秦国大军兵临易水时，燕国面临着被灭国的威胁。太子丹请荆轲以燕国使者的身份出使秦国，准备乘机劫持秦王，索回秦国侵占燕国的土地，如果索不回来，就把秦王杀掉。太子丹等人送荆轲至易水边。临分别时，荆轲好友高渐离击筑，荆轲歌之曰："风萧萧兮易水寒，壮士一去兮不复还！"表明了他慷慨前行和必死的决心。

荆轲带着副手秦舞阳和两件献给秦王的礼物——逃到燕国去的秦国叛将樊於期的头和燕国督亢（在今河北涿州东南）的地图，来到秦国。秦王政在咸阳宫举行接见仪式。荆轲捧着装有樊於期首级的匣子，秦舞阳捧着放地图的盒子，二人相继走上咸阳宫的台阶，跪于殿上。秦舞阳见到这种场面，相当紧张，连脸色都变了。群臣感到奇怪。荆轲看了看秦舞阳，笑着对秦王说："他是北方没见过世面的粗人，没见过天子，自然感到害怕。希望大王对他宽容些，让他完成使命。"秦王命荆轲起身献上地图。

荆轲向前进献地图，当卷着的地图完全展开时，藏在地图里的匕首就露了出来。荆轲用左手揪住秦王长长的袖子，右手从图中拿出匕首向秦王猛刺过去。未等匕首及身，秦王惊起，扯断衣袖，要拔剑进行抵御。但因剑太长，拔不出来。按照秦国当时的法令，除了秦王，其他上朝之人不得携带武器；殿下持武器的卫兵，没有诏令也不得上殿。现在的情况是秦王已来不及召殿下之兵，剑又拔不出，秦王只好一边绕着柱子跑，一边用衣袖去干扰荆轲。事起突然，群臣张皇失措，不知如何是好。紧急情况下，御医夏无且用药囊掷中荆轲，争取到一点空隙。在朝臣提醒下，环柱而跑的秦王将剑背在背上拔出，挥剑斩断了荆轲左大腿。残废的荆轲忍痛拿起匕首向秦王猛掷过去，匕首从秦王身边擦过，击中了铜柱。秦王又对荆轲连刺八剑。重创的荆轲知道大势已去，便靠柱箕坐，对秦王边笑边骂：" 此次行动失败，原本就不是想杀你，而是想生擒你，拿到秦以前因侵犯所得的燕国土地的契约，回报太子。" 在秦王左右一拥而上杀死了荆轲后，秦王还失神了许久。

荆轲刺秦王这个战国末年脍炙人口的故事，主要见《战国策·燕策三·燕太子丹质于秦章》和《史记·刺客列传第二十六》。

高渐离刺秦王

高渐离是荆轲好友。荆轲刺秦王失败被杀后不久，秦国便灭了六国，一统天下。高渐离变换姓名，躲藏在宋子那个地方，当一个酒店的伙计（酒保）。有次他听到堂上有客人击筑，就在堂下来回走动不想离去，还发表评论："有些地方击得好，有些地方击得不好。" 仆从就去告诉主人："那个酒保懂音乐，还私下评点击筑的好坏。" 酒店主人就叫高渐离到跟前，让他击筑。在座的人听了都叫好，主人便赐酒奖励。高渐离觉得生活总这样谨小慎微，畏首畏尾，不是长法。之后他就回到房间，拿出自己的筑，穿上好衣服，收拾了一下自己的容貌，再出现在众人面前，无不惊讶。大家都来与他行礼，尊他为上客。听他击筑而歌，大家都感动得流泪。"宋子有善击筑的人" 这个消息传开了。秦始皇也有所耳闻，便召见了他。到了秦廷，有人认识他，说："他就是高渐离。"秦始皇爱惜他击筑的高超技艺，赦免了他，但同时弄瞎了他的双眼。秦始皇听高渐离击筑，每次都称赞。慢慢地，他可以稍稍靠近秦始皇了。高渐离在筑里灌满了铅。再一次，他靠近秦始皇时，举起筑去击打秦始皇，却没有击中。高渐离被诛杀。秦始皇终身再也不接近六国诸侯身边的人了。

高渐离刺秦王故事见《史记·刺客列传第二十六》。

孝行故事

闵子骞失棰

闵损，字子骞，孔子弟子，七十二贤人之一。在孔门弟子中以德行卓著，与颜回并称。他的孝悌之德尤其为人称颂。孔子曾赞扬他："孝哉闵子骞！人不间于其父母昆弟之言。"（《论语·先进篇》）

闵子骞孝行故事，除了《论语·先进篇》里的那句话，目前记载最详细的，就是北宋李昉等人撰《太平御览·卷四一三·人事部五十四》中引南朝刘宋人师觉授《孝子传》。

故事如下：

闵子骞早年失母，后母待他苛严，他对后母更是小心谨慎。后母给闵子骞的冬衣里铺的是一些藁枲一类植物的花絮，而给自己亲生的儿子则铺的是厚厚的丝绵。父亲让闵子骞驾车。天寒手僵，闵子骞拿不住马缰绳，突然脱手了。而弟弟驾车，则把马缰绳抓得牢牢的。父亲见了，很气愤地斥责闵子骞。闵子骞只是沉默不言。后父亲仔细观察，才发现两人的冬衣完全不同。知道原因后，父亲决定遣走后母，让她离开他家。闵子骞则向父亲说："一个受冻的孩子就让你如此在意、操心，若遣送走后母，你就有两个受冻的孩子了。"父亲听了这话，也很感慨，遂打消了遣送后母的念头。以后这家人便和睦相处了。

山东嘉祥武氏祠有东汉闵子骞孝行画像，左上榜题"闵子骞与假母居/爱有偏移/子骞衣寒/御车失棰（箠）"十九字，右上榜题"子骞后母弟/子骞父"八字。其中"棰"字，马鞭也。《孝子传》中说"冬寒失箠"，武氏祠画像中则说"御车失棰"。"失棰"说，时间为东汉；"失箠"说，时间为南朝。故取"失棰"说。

老莱子娱亲

老莱子娱亲的故事，见《太平御览·卷四一三·人事部五十四》引南朝师觉授《孝子传》："老莱子者，楚人，行年七十，父母俱存。至孝蒸蒸，常着班兰之衣。为亲取饮上堂，脚胅，恐伤父母之心，因僵仆为婴儿啼。孔子曰：'父母老，常言不称老，为其伤老也。'若老莱子可谓不失孺子之心矣。"

山东嘉祥武氏祠老莱子娱亲画像上，有榜题"老莱子楚人也/事亲至孝/衣服斑连/婴儿之态/令亲有驩/君子佳之/孝莫大焉"。画像内容重点就是表现了七十岁的老莱子给老人送食品，穿斑斓衣（花衣），学婴儿动作，让年迈的双亲高兴。

邢渠哺父

汉朝有叫邢渠的人，品德高尚。他自幼丧母，和父亲邢仲生活在一起。他对父亲十分孝敬。家贫无法生活，他便给人家做佣工。父亲因年老，牙齿脱落，饭菜到口嚼不烂，咽不下，邢渠便把饭菜嚼碎，口对口地喂养老父。如此年复一年，从不厌烦。在他的精心照料下，老父口中忽然又长出了新牙，身体也逐渐康复，返老还童，一直活到一百多岁。

邢渠哺父，事见《太平御览·卷四一一·人事部五十二》引萧广济《孝子传》。

丁兰刻木

汉朝河内（在今河南武陟西南）人丁兰，自小丧失父母，没有机会奉养双亲。以后他刻了两个木头人，有如父母的样子，朝夕供养。丁兰和他妻子每天一早一晚均跪于木人面前请安，有事向木人禀报，如父母生前一样。

一天，邻居张叔的妻子来向丁兰的妻子借东西。丁兰妻照例跪在木人公婆面前请示。木人脸上露出不高兴的样子，丁兰妻就以公婆不让借为由拒绝了。张叔喝醉酒从外面回来，听妻子说了丁兰家的木人不愿借东西的事，勃然大怒。他仗着几分酒气，闯入丁兰家中，对着木人大骂一通，又操起木棍照着两个木人的脑袋打了好几下，才怒气冲冲地回了家。丁兰回来，见家中木人父母神色抑郁，向妻子询问原因。妻子将刚才邻居张叔如何无理责打木人的事诉说了一遍。丁兰怒不可遏，操起剑奔向邻家，杀了张叔。

官吏来捉拿丁兰，丁兰与木人告别。木人见了丁兰，掉下了眼泪。地方官府知道实情后，称赞丁兰的孝行并上报朝廷。丁兰的形象和事迹，还进了云台（皇家图画古今名贤之处）。

丁兰刻木故事，见《宋书·志第十二·乐四》引曹植《灵芝篇》和《太平御览·卷四一四·人事部五十五》引东晋孙盛《逸人传》。

山东嘉祥武氏祠东汉画像丁兰刻木故事中，木人上方有榜题"丁兰二亲终殁/立木为父/邻人假物/报乃借与"十八字。

伯榆伤亲

韩伯榆（一作伯俞）是汉代人，有一次犯了过错，母亲用手杖责打他。韩伯榆哭了。母亲很奇怪地问："过去我用手杖打你，你从来也没有哭过，为什么今天哭起来了呢？"韩伯榆对母亲说："以前我犯错您打我，我觉着很痛。今天手杖打到身上不痛,说明母亲衰老了,没有力了。所以难过。"

伯榆伤亲故事见刘向《说苑·卷三·建本》。

董永行孝

西汉时千乘(在今山东高青东北)人董永,从小失去母亲,奉养着父亲一人。父亲死时,无能力埋葬,遂向人借了一万钱。董永对借他钱的人说:"若我还不了钱,便以身为奴来偿还。"钱主人怜悯董永,将钱借给了他。董永埋葬完父亲,即动身去钱主人家,打算做奴还钱。途中遇到一女子。女子提出要做董永妻子。董永对女子说:"你看我穷成这个样子,马上就要与人为奴,我怎敢委屈你做妻子。"女子说:"我甘愿做你的妻子,不在乎贫穷。"董永只好带着她一起到了钱主人家。钱主人惊奇地问:"原来说你一个人卖身为奴,为什么来了两个人呢?"董永说:"说好一人为奴却来了两个,于理不通?"钱主人问董永妻:"你有什么本事?"她回答:"我能织。"钱主人说:"你能给我织出一千匹绢来,我便放你们夫妻回家。"董永妻要了织绢的丝后,不到十天,便织成了千匹绢。钱主人惊喜异常,他按先前许诺,还了董永夫妻人身自由。董永夫妇离开钱主人家,走到了当初相遇的地方,妻子对董永说:"我本是天上的织女,被你的孝心所感动,上天派我下来帮你。现在你还清了债务,我也不宜久留了。"说罢,四周云雾垂下,织女飘然而去。

董永行孝故事,见《太平御览·卷四一一·人事部五十二》引汉人刘向《孝子图》。除此之外,《宋书·志第十二·乐四》引曹植《灵芝篇》、干宝《搜神记·卷一》都记有董永行孝事迹。

汉画中所见董永故事,其画面多是一老人坐于简陋的鹿车之上,肩扛一鸠头手杖,一手向前方高处伸展,似在说话。这应是董永独养老父的场景,更符合干宝《搜神记》卷一中所描述的:"汉董永,千乘人。少偏孤,与父居。肆力田亩,鹿车载自随。"

山东嘉祥武氏祠中的一件东汉图像上有榜题"永父""董永千乘人也"。字上面的空中有一天女,身着花边衣,肩生双翼,其袖下垂而做飞舞状,似为织女。此汉画像图既有董永、董永父，又有织女形象，应是较完整的董永行孝故事。

郭巨埋儿

郭巨是河内温（今河南温县）人，家富裕。他父亲去世时，留下两千万钱的遗产。他将这两千万钱分为两份，分别给了两个弟弟，自己则带着母亲一起生活。他的邻居有一凶宅，无人敢住。大家都说让郭巨去住，结果郭巨住下后，并没有出现任何祸患。后郭巨妻子产下一个孩子。郭巨担心抚养孩子需要不少费用，这样势必会影响对母亲的供养。于是郭巨就让妻子抱着孩子到室外，准备挖个坑将孩子埋了。在掘地时，他挖出一铁釜，装有满满一釜金子。釜上有字："赐孝子郭巨"。郭巨将这一釜金子交还给这个宅子的主人，宅子主人不敢要，便报了官。官府依据釜上题字将金子判给了郭巨。这样，不仅养母亲，养孩子的钱也有了。

郭巨埋儿，事见《太平御览·卷四一一·人事部五十二》引刘向《孝子图》。

三州孝人

三州人者，各一州人，皆孤单茕独。有天，三人凑巧一起来到树下歇息，相互了解后，其中年长者说："我们可不可以同心协力，组合在一起过日子？"另两人说："好呀。"三人即相约年长者为父，另两人为子。三个人便组成一个家庭，相互协助生活下去。

三州孝人的故事，详细记录在《太平御览·卷六一·地部二十六》引隋萧广济《孝子传》。

孝孙原谷

原谷的祖父年老了，父母感到是负担，准备丢弃他。当时原谷十五岁，哭泣着苦苦相劝。父母不听，还是做了个肩抬的轿子，一起把祖父抬出去丢弃了。原谷将轿子拿回家。父亲问他："这种不吉利的东西，你捡回来干吗？"原谷说："等你老了，不能干活了，我再用它来扔你。"父亲听后觉得后怕，也受到感悟，就把祖父接了回来，好生侍养，成了孝子。原谷便被人们称作孝孙。

原谷的故事，出自《太平御览·卷五一九·宗亲部九》引师觉授《孝子传》。

义浆羊公

汉代雒阳县（今河南洛阳）人羊雍伯，是个做买卖兼做买卖中介的人，天性孝顺。父母死后，葬于无终山，他自己也搬到那里长住。无终山上下有八十里的路程。山上无水源，羊雍伯要到山下去取水。取来的水除自己用外，还免费给过往行人饮用。这样子一过就是三年。一天，有个人来就饮。饮完水后，他送给羊雍伯一斗石子，让他到山顶上找块平坦之处种上，并告诉羊雍伯："种下的石头以后都会变成玉。"知道羊雍伯还没有婚娶，就又说："你以后会娶得一个好女人。"说完这句话后，这个人就突然不见了。羊雍伯在山顶种下石子，几年后，果然产出了玉。羊雍伯没有让人知道产玉这个秘密。正是这里产出的美玉，让他娶到了徐氏佳人。种石得玉的事最后还是被人知道了。这件事也惊动了天子，遂拜羊雍伯为大夫，还在他种玉处四角各立一大石柱，将中间这块地名曰"玉田"。

义浆羊公故事，见《太平御览·卷八〇五·珍宝部四》引《搜神记》。

金日磾思母

西汉时匈奴的昆邪王、休屠王长期据守今甘肃河西走廊一带。武帝时期，霍去病数度出兵，大败匈奴，基本上掌控了河西走廊。匈奴王欲问罪昆邪、休屠二王，并打算除掉二人。昆邪、休屠二王知道后，很惶恐，决定投降汉廷。在来汉朝廷的路上，休屠王有了悔意，昆邪王便杀了休屠王，义无反顾降顺了汉王朝。此后河西走廊遂完全掌控在汉朝廷手中，为张骞再次出使西域打下了基础。

金日䃅，字翁叔，休屠王王子。其父被杀，他与母亲阏氏和弟弟伦也来到汉王朝。他们仅被视为一般降众，编入官府的杂役中。金日䃅从十四岁开始就在黄门养马。几年后，一次宫中宴会，爱马的汉武帝要看看宫中养的马。在牵马人中，他发现一个子高大、性情平静的人，马也养得膘肥体壮。武帝在听了金日䃅的回答后，才知他是休屠王的王子。于是武帝赐其沐浴、衣冠，拜为马监，之后又迁为侍中、驸马都尉、光禄大夫。以后还被封为秺侯。金日䃅相貌堂堂，以他恭谨、笃厚、忠诚的品性，深得武帝信任。武帝临终时，就托孤于霍光、金日䃅。他在辅佐昭帝执政上，居功甚伟。金日䃅的成长，离不开她母亲的教诲。《汉书·霍光金日䃅传》记载："日䃅母教诲两子，甚有法度，上闻而嘉之。"后来他母亲病死，武帝"诏图画于甘泉宫，署曰'休屠王阏氏'。日䃅每见画常拜，向之涕泣，然后乃去"。

汉画金日䃅思母故事，今可见有三幅（石刻二，壁绘一），画面结构基本一致。如山东嘉祥武氏祠之画面中，有一房屋，右面端坐一人，上题"休屠象"三字，从发式看为女像，应为休屠阏氏。中柱左面一人，拱手跪向右面的人，上署"骑都尉"三字，应是金日䃅。现此石残破，图像依稀可辨。幸有宋摹本，可得而识之。金日䃅"骑都尉"一职，《汉书》无记载，见王充《论衡·乱龙篇》："金翁叔，休屠王之太子也，与父俱来降汉。父道死，与母俱来，拜为骑都尉。"

魏汤为父报仇

汉朝人魏汤，年幼时母亲就去世了，父亲没有续娶，父子相依为命。父亲年纪大了以后，魏汤靠自己的劳动养活着老父亲。市集南面的一个少年，喜欢魏汤老父亲佩带、把持的刀和戟，向魏汤索要。魏汤告诉他："这些东西是老父亲喜爱的，我不能答应给你。"年轻气盛的少年便动手殴打魏汤的老父亲，魏汤下跪求饶，少年依然不停手。最后还是一个过路的书生出面，拉开了少年，制止了这场殴打。魏汤忍辱继续抚养父亲。他父亲活到八十多岁后去世。安葬好父亲后，魏汤就去为父报仇。他杀了那个少年，并割下他的头，放到父亲的坟墓前，算是给父亲一个交代。

魏汤为父报仇，事见《太平御览·卷四八二·人事部一百二十三》引《孝子传》。

七女为父报仇

汉画中描绘有一种特殊的水陆攻战图式。画面是以一座桥为中心，展示双方在桥上、地面、水上舟船中等进行攻战、搏击。这种图式出现于不同地区和不同的艺术形式（画像石、壁绘等）中。这种图式以往多定名"水陆攻战"或"胡汉攻战"。近几年，一些学者逐渐从这些图式中分离出一个新的类别，即"七女为父报仇"。此故事目前没有发现与之相关的确切材料。好在此故事的图像有多幅，可以根据画面中图像及残留的榜题拼出故事大概。最重要的有四幅图：内蒙古和林格尔汉墓壁绘一幅；山东莒县东莞镇汉画像石刻一幅；河南安阳西高穴大墓（曹操墓）画像石刻一幅；山东嘉祥武氏祠汉画像石刻一幅。此四幅图的画面结构基本一致，但内容简繁不等。和林格尔壁绘中有三处榜题，即"七女为父报仇""长安令""渭水桥"。莒县东莞镇画像中有一处榜题"七女"。安阳西高穴画像中有一处榜题"咸阳令"。嘉祥武氏祠画像中，除处于中心的主车无榜题外，其余周边车辆有众多榜题，如"游徼车""功曹车""贼曹车""主簿车""主记车"等。这四幅图中，除和林格尔的一幅外，其余三幅中主车中的主人均被打落水中。由以上材料，就可简单拼出这个故事。七女为父报仇的故事发生在长安（今陕西西安）渭水桥上；七女报仇的对象是能够带兵征战的"长安令"或"咸阳令"；报仇的计划是在主车过桥时发动攻击，将仇人打下桥，桥下舟中预先埋伏的人，在仇人落水不能施展其勇力时将其击杀。从现有的几幅图像看，这次复仇最终成功。

"为父报仇"是汉画中一个重要主题。聂政刺韩王、七女杀官员、魏汤杀人，均是为父报仇。这几起为父报仇的事件中，聂政刺韩王最为惨烈。七女报仇则是用众人（七女及协助七女的人）的生命作为代价。为报父仇，他们为什么要付出如此之大、如此之多的代价？应是与当时的伦理思想有关。

曾子说孔子思想的核心就是"忠恕"——"夫子之道，忠恕而已矣"（《论语·里仁篇》）。但对杀父之仇，不是"恕"道而是必报。对这个原则，孔子也好，孟子也好，其态度均极其鲜明。"子夏问于孔子曰：'居父母之仇如之何？'夫子曰：'寝苫，枕干，不仕，弗与共天下也……'"（《礼记·檀弓上》）在孔子看来，杀父之仇就是不共戴天之仇。孟子说亲仇必报。"吾今而后知杀人亲之重；杀人之父，人亦杀其父；杀人之兄，人亦杀其兄。然则非自杀之也，一间耳。"（《孟子·尽心章句下》）春秋以来的这种由儒家所强调的血亲之仇必报的观念，在汉代提倡孝道和"独尊儒术"的环境中，更是深入人心。这一观念，自然就会强烈地反映在汉代的文艺作品里。

汉以后，魏晋以来，儒家思想不仅失去独尊地位，还受到非儒家思想的挑战或批判，儒家信条再也不是人们唯一的行为准则。此外，统治者从治理国家的角度，总结前朝经验教训，从开始的限制，到后来用法治手段来惩处这种"冤冤相报"的行为，社会风气才慢慢为之改变。而彰扬这一行为的文字或丹青作品，也就随之越来越少。

列女故事

齐桓卫姬

齐桓公夫人卫姬，是卫国国君的女儿。桓公喜欢听一些民俗的音乐，卫姬就再也不听郑卫之音了。桓公重用管仲、宁戚，推行霸业之道，诸侯皆来朝拜齐国，就卫国不来。齐桓公就与管仲商量准备讨伐卫国。桓公罢朝，回到后宫。卫姬见了桓公，将头上身上所有饰件卸了，下堂跪拜桓公，说："愿君王饶恕卫国的罪过。"桓公说："我与卫没有什么过节呀，你请什么罪？"卫姬说："妾听说，人君有三色：显然喜乐、容貌淫乐者，钟鼓酒食之色；寂然清静、意气沉抑者，丧祸之色；忿然充满、手足矜动者，攻伐之色。今日妾看君主，趾高音扬，神色严厉，就是在意卫国的不到场，所以才向您请罪的。"桓公接受了卫姬的请罪，答应不再追究卫国。第二天桓公上朝，管仲靠近桓公说:"君王今日上朝,恭谨而气息平和,说话不急不慢,已没有了讨伐别国的欲望,伐卫之事就不议了吧?"桓公说:"好的。"此后,桓公立卫姬为夫人,称管仲为仲父,说:"夫人治内,管仲治外。寡人虽愚,足以立于世矣。"

齐桓卫姬故事见刘向《列女传·贤明传》。

齐管妾婧

宁戚想为齐国服务,但没有门路,见不到齐桓公,只好去给人做仆从。有一天,宁戚驾车留宿东门外,正好桓公因事出东门,宁戚便敲着牛角,用五调中的商调唱歌,其音悲怆。桓公感觉歌声异常,就让管仲去看看。宁戚见到管仲后,就说了一句话:"浩浩乎白水。"管仲不明白话的意思,无法向桓公交差。他五天没去上朝,面有忧色。管仲的妾,名婧,就问他:"夫君五天不上朝,面带忧色。我冒昧问一下,是国家有事,要你拿主意?"管仲回答:"这事说了你也不懂。"婧说:"妾听过这种话,勿老老,勿贱贱,勿少少,勿弱弱。"管仲问:"这些话是啥意思?"婧说:"以前太公望(齐国的开创人)七十岁在朝歌市集上以屠牛为生,八十岁成为天子的师傅,九十岁受封于齐。由此观之,老人不是老而无用。伊尹是有㜣氏出嫁时作为陪嫁的一个小臣,商汤立他为三公,辅佐治国,以后天下太平。由此观之,对低贱之人不可以看不起。皋子五岁时就在称赞大禹,由此观之,年少不等于稚嫩。駃騠出生七天,奔跑能力就超过生它的母马。由此观之,弱小的不等于就羸弱。"管仲听完婧说的话,离开坐着的席,来到婧面前,略表歉意后说:"我把事情的缘由告诉你吧。"他就把如何见宁戚,宁戚说了"浩浩乎白水"几个字,至今没弄明白这句话的过程,给婧讲了一遍。婧一听完就笑了,说:"人家对你已经说得明明白白,是你不理解呀!古时有《白水》之诗。诗中不就这样说:'浩浩白水,鯈鯈之鱼。君来召我,我将安居。国家未定,从我焉如。'宁戚的意思就是想国家来用他为国效力。"管仲听后大喜,就去报告了桓公。桓公备好了府邸,斋戒了五天,去见宁戚。桓公让宁戚辅佐自己。以后宁戚与管仲一起,将齐国治理成为强国。

齐管妾婧故事见刘向《列女传·辩通传》。

陶答子妻

陶答子在陶（今山东定陶西北）为官三年，政绩不好却积攒了大量钱财。答子妻多次劝谏他，他听不进也不采纳妻子的建议。五年后，答子辞官回归故里，上百辆装载着财物的车随行。宗族里的人杀牛祝贺答子的归来，而答子妻则抱着儿子哭泣。答子母亲对自己媳妇这种行为很生气，认为不吉利。答子妻对婆婆说："夫子（答子）才能浅薄而官大，这是招祸；为官无功绩却私家暴富，这是积祸。从前楚国令尹文子，治理国政，家贫而国富，国君敬重他，百姓爱戴他，幸福延及子孙，美名传及后世。今天的夫子就不这样，他只知贪求眼前大富，不顾忌以后的祸害。他治理陶，是家富国贫，所以是君不敬，民不戴，败亡的征兆已显现了。我愿带着我年幼的儿子离开这个家。"婆婆很气愤，便放弃了他们（让答子妻离开家门）。一年后，答子家果然因偷盗罪触及刑法被诛杀，答子母亲由于年老，得免于刑罚。答子妻事后带着年幼的儿子回到答子家，赡养婆婆并为其送终。这个故事发生在战国时期。按当时的礼教，离开夫家有违礼数。但答子妻的离开，是为了正义而放弃利益，在陶家败亡之后又回归赡养婆婆，可谓"全身复礼"。答子妻是一个有原则、有远见卓识又品行高洁的人。

陶答子妻故事见刘向《列女传·贤明传》。

钟离春说齐王

钟离春是齐国无盐邑（今山东东平）人。此女相貌奇丑无比，脑袋像个石臼，头发稀稀拉拉，两眼深陷，鼻孔朝天，脖子粗，还长喉结，腰不直，胸骨前凸，指节大而长，皮肤黑又糙。她年龄已过四十，一直没人愿意娶她。但钟离春是个奇女子。有一天，她没有梳妆打扮，只是拍了拍身上的土，就去见齐宣王。到了王宫的司马门，她对负责通报的谒者说："我就是齐国那个嫁不出去的女子，听说君王圣德，我愿到后宫服侍，希望君王准许。"谒者来报告时，齐宣王正在渐台与一帮朝臣喝酒，左右的人听了，都捂嘴大笑。齐宣王说："此天下强颜女子也，非同寻常。"于是齐宣王召见了她，对她说："当年我父王已经给我娶妃，配齐了各种人员。我听说连一个普通人都不愿娶您，而您却要来打万乘之主的主意，您难道有什么奇能吗？"钟离春回答说没有，就是倾慕大王讲义气。齐宣王又问她有什么喜好。过了一会儿钟离春才说："我私下喜欢玩隐身术。"齐宣王说："那也是我喜欢玩的。您玩给我看看。"话音未落，钟离春已消失不见了。齐宣王大惊，便找出谈隐身术的书来读，又进行各种实验，均没有成功。齐宣王第二天又召见钟离春。钟离春没有解答关于隐身术的问题，而是很庄重地对齐宣王说了齐国所面临的四大危险。第一，如今大王统治下的齐国，西面要抗衡强秦，南面又是有仇的强楚，对外首先就是面临这两个强国的事；对内却聚奸臣而排斥正直的人，太子到壮年不给名分，不在意众王子而在意那些妇人，一旦遇到危难，社稷怕是保不住。第二，大王修宫室，筑高台，大兴土木，收罗珍宝，百姓们已难以承受了。第三，齐国现在是贤良者逃入山林，谄谀者充斥大王左右；邪伪者把持朝廷，讲真话者进不来。第四，大王日夜沉溺于酒色之中，对外不修诸侯之礼，对内不秉国家之治。她说完四件大事以后，连呼"国家完了！国家完了！"齐宣王听其所言，句句在理，便一一采纳了钟离春的意见。于是马上"拆渐台，罢女乐，退谄谀，去雕琢，选兵马，实府库，四辟宫门，招进直言"。又挑选了一个吉祥的日子，册立太子，迎慈母进宫，拜钟离春为后。于是齐国大安，日益强盛起来。

钟离春故事见刘向《列女传·辩通传》。

梁节姑姊

梁节姑姊，是对春秋时梁国一个妇人的称呼。有一天，她家中失火，她兄长的儿子和她自己的儿子都被大火困在屋内。她奋力闯进屋中，想把兄长的儿子救出来。她从熊熊大火中抱出一个孩子，一看是自己的儿子。因为没有把兄长的儿子救出来，她心里十分难过，决定拼上命闯进去再找一次。她的朋友阻止她，说："你是想救兄长的儿子，只是惊慌仓促中误将自己儿子救了出来，问心无愧。你何必再冲入火里？"她说："我不可能一家一户去说明为什么把自己的孩子救了出来而兄长的孩子被烧死。背了一个不义的名声，我没有面目去见我的兄弟和国人！我也不可能再把自己的孩子投入火中，这就会失去母亲慈爱孩子的恩情。我只能选择自己去死。"说完她便赴火而亡。

梁节姑姊故事见刘向《列女传·节义传》。

山东嘉祥武氏祠刻有这一故事图像。榜题有"梁节姑姊""长妇儿""姑姊儿""救者"等。还有一长款"姑姊其室失火/取兄子往/辄得其子/赴火如亡/是其诚也"。

楚昭贞姜

贞姜是齐侯的女儿、楚昭王的夫人。一次，昭王出游，留夫人于渐台之上。出游中的楚昭王忽然得到江水要暴涨的信息，急忙派使者到渐台接出夫人。使者奉命急速到了渐台，向夫人传达了昭王之命。但夫人却说："楚王早有约定，凡召宫人时，必须拿着君王符信。现在你未拿符信来，恕我不敢从命。"使者只得去取符信，临走时说："现在大水马上要冲过来了，如果等我回去拿符信再接你走，恐怕来不及了。"夫人言道："我听说过：贞女之义不犯约，勇者不畏死，守一个'节'字而已。我知道现在跟使者走是生，留下来必死。但是弃约越义而求生，不如守约留下而死更好一些。"结果使者去取符信时，大水到来，冲塌渐台，贞姜死于流水中。

楚昭王得知贞姜死节后，叹道："守义死节，不为苟生。处约持信，以成其贞。"于是便将其追谥为"贞姜"。

楚昭贞姜故事见刘向《列女传·贞顺传》。

齐义继母

战国齐宣王时,在齐国某地发生了一起斗殴事件,一个人被打死。地方官急忙赶到跟前验看。只见死者身上被捅了一刀,死者旁站着同父异母的两兄弟。地方官问是谁杀的。哥哥说:"这个人是我杀死的。"弟弟说:"不是哥哥,这个人是我杀的。"兄弟二人争执不下,官司判了一年,也没得出结果,只好报告给齐宣王。齐宣王也很为难,说:"如果都赦免了吧,那个真罪犯就漏网了;如果都杀了吧,那必然会冤杀一个无辜的人。怎么办呢?"他忽然想到,他们的母亲应该了解自己的儿子,不如把他们的母亲传来,由她来确定谁该杀,谁不该杀。齐宣王指派丞相去办理这件事。丞相找来两个孩子的母亲,将齐宣王只杀有罪,免伤无辜的主张告诉了她。其母亲听到后,当即哭着说:"杀小的那个吧!"丞相觉得不解。因为按照常规,做父母的都疼爱自己的小儿子,为什么她这么痛快地做出这样的决断呢?便询问其中的道理。母亲说:"小儿子是我亲生的,大儿子是我丈夫前妻所生。我丈夫生病,临死时曾托付我要好好照顾并善待前妻的孩子,我当时就应诺了。我既然受人之托,又有诺言在先,现在岂能忘人之托,不守诺言呢?如果把大儿子杀了,分明是以私废公,背信忘义,欺骗亡故之人。这样我就不配活在世上。自己的孩子,虽然心疼,但必须死一个的话,我只能如此了。"说完她痛哭流涕,泪下沾襟。丞相进宫将情况报告给齐宣王。齐王美其义,高其行,对她的行为加以肯定,决定将她的两个儿子一起赦免,并封她为"义母"。

齐义继母故事见刘向《列女传·节义传》。

京师节女

西汉京城长安大昌里有一个女子,其丈夫和别人结下了仇怨。仇人要找她丈夫报仇,但找不到门径。听说此女子很仁孝讲义气,就劫持此女的父亲作为人质,要女子帮他找到其夫。她父亲将她叫来，告诉她自己被劫的原因。女子心想：如果不依歹徒，父亲就要被杀，这是不孝；如果依歹徒帮他找到丈夫，丈夫就要被杀，这是不义。自己不孝不义，有何面目活在人间？她决定自己独自来解决这个难题。她告诉仇家，说可以帮他找到她丈夫，并明确告知他：明晚在楼上，那个洗过头，头朝东睡的人就是她丈夫，她到时会把窗户打开等他到来。在约定的当天晚上，她让丈夫去别处睡，自己洗完头，独自到了楼上，打开窗户，头朝东睡下。到了半夜时分，仇家提着刀来到她家楼上，一看果然开着窗户，室内床上头朝东躺着一个人。仇家便走到床边，杀了这人并割下头颅而去。第二天天明一看，是他要杀的人妻子的头。仇人深感哀痛，被此女子的"义"所打动，于是便将她父亲释放，也不再找她丈夫报仇了。

京师节女故事见刘向《列女传·节义传》。

梁寡高行

春秋时梁国有一妇人，容貌姣好，品德高尚。其夫死早寡，立志守节不再嫁人。梁国内一些富贵之人倾慕她的美貌，纷纷要迎娶她，终未能办到。梁王听说后，派出使节，要聘此女入宫。她对来的使者说："我的丈夫不幸早死，我尽全力抚养他留下的幼孤，仍感觉没有做好。很多富贵之人要娶我，因我的拒绝，就没有再来打扰。没想到现在大王却又来召我入宫。我听说妇人之义，一往而不改，以全贞信之节。念忘死而趋生，是不信也。贵而亡贱，是不贞也。弃义而从利，无以为人！"说着，她对着镜子，拿起刀将自己鼻子割去。又对使者说："我已受了割鼻之刑了。之所以不选择赴死，是因为还有一个幼小的孤儿需要抚养。大王召我是因我的美貌。如今我已自刑，很难看了，现在可以放过我了吧。"使者回去将自己看到的情形报告给梁王，梁王为其大义而感动，遂还其自由之身，尊其为"高行"，予以表彰。

梁寡高行故事见刘向《列女传·贞顺传》。

鲁义姑姊

鲁义姑姊是指居住在鲁国郊野的一个妇人。有一年，齐国攻打鲁国。进入鲁国后，在郊野见到一个妇人，她一手抱着一个孩子，另一手牵着一个较大的孩子在前面跑。眼看齐国的军队快要追上，妇人就把抱着的孩子放到地上，抱起先前牵着的孩子向前跑，很快便跑到山边。被丢弃的孩子不停地哭喊，前面那个妇人不为所动，继续往前跑。齐将走到被丢弃的孩子前问道："前面跑的那人是你母亲吗？"小孩回答："是。"又问他母亲抱的是谁时，小孩说不清楚。齐将便向前追去。齐国士兵一面追，一面向前面跑的妇人喊："站住！不站住我们要放箭了！"妇人只得站住返回。齐将问她抱的孩子是什么人。妇人说："是我兄长的孩子。"又问丢弃的是谁的孩子。妇人回答："是我自己的孩子。我看军队快追上了，凭我的力量，带不走两个孩子，便丢弃了自己的孩子。"齐将说："孩子都是母亲最疼爱的，你却将自己孩子抛弃，抱起兄长的孩子跑了。为什么？"妇人说："爱护自己的孩子是私爱，爱护兄长的孩子是公义，一个人不应为了私爱而抛弃公义。如果保护了自己的孩子而抛弃兄长之子，好倒是好，但从此鲁国上上下下都会厌弃我。抛弃孩子是很痛苦的，但我也不愿背着无义之名活在鲁国。"齐将听后，便按兵不动，派人向齐国国君报告说："鲁国不可攻伐。一个山泽间的女子都知道持节行义，不以私害公，朝臣士大夫岂不更甚？"于是征得齐君的许诺后退了兵。鲁君听说以后，赐给这个妇人束帛百端，并且给她一个"义姑姊"的尊称。

鲁义姑姊故事见刘向《列女传·节义传》。

鲁秋洁妇

鲁秋洁妇是指鲁国秋胡的妻子。她与秋胡成亲只有五天，秋胡便去陈国做官。五年后，长期在外为官的秋胡回归故里。到家前，见路旁有个采桑女子，顿生爱慕之心。他下了车，对这女子说："你顶着太阳采桑呀！我远道而来，想在这桑树荫下歇歇脚，吃点东西。"采桑女没有搭理，继续采桑。秋胡继续对她说："俗话说：努力耕田不如赶个丰年；努力采桑不如遇到高官。我这里有金子，愿送给你。"采桑女回答道："真可笑！我采桑力作，纺绩织衽，才得以提供衣食，奉敬双亲，抚养孩子。我不想得你的金子，只希望你不要有不轨意图。我没有淫邪之心。赶快把你的食具和金子收走吧。"秋胡便离开了。

秋胡回到家，给母亲奉上金子，叫人把妻子找来。妻子来后，秋胡一看，正是那个采桑女子。秋胡十分尴尬。妻子对他说："你刚成年就去外地做官。五年后才回家，本该尽快往家赶。而你却贪恋路旁妇人，为了把她弄到手，还想把奉养母亲的金子送予她。你这是忘母，忘母就是不孝。好色不轨是肮脏行为，就是不义。一个人事亲不孝，必然事君不忠；处家不义，必然治官不严。孝义皆无，行事必然半途而废。我不忍见你另寻新欢，也不想另嫁他人。"说完出了大门，走向东边，投河而死。

鲁秋洁妇故事见刘向《列女传·节义传》。

韩朋贞夫

韩朋贞夫的故事发生在战国末年宋康王时期的宋国。韩朋娶妻贞夫，新婚两天三夜后，出仕宋国，六年未归。贞夫寄书于夫，致相思之意。韩朋看了贞夫的书信后，神情恍惚，遗落书信于殿前，为宋王所得。大臣梁伯献计，用谎言诱贞夫到宋国。宋王见贞夫貌美，称韩朋已死，遂封贞夫为后。同时残害韩朋，落其齿，毁其容，贬为囚徒，罚筑清陵台。后贞夫知道真相，抱必死之心。在宋王派人随同贞夫探望韩朋时，贞夫将自己用血写成的诀别之诗搭箭射与韩朋。韩朋阅诗后自杀身死。宋王以三公之礼葬韩朋，贞夫跳进亡夫墓穴，自杀身亡。宋王不愿二人同穴，分葬二人。后两坟上生出梧桐与桂树，根叶相连。宋王令人伐树，树化为双飞鸳鸯，落下一根毛羽变成利剑，割下了宋王的头颅。

韩朋贞夫故事中最让人心碎的一处，就是两个相爱又将死之人，最后相见而不能相遇。抱必死之心的贞夫，看到多年未见的丈夫被折磨得不成人样，只能用箭射出血书与正在负重爬梯的亲夫，表明心迹，做最后的诀别。汉代的艺术家所选取的，正是这一最打动人的情节。这个故事的汉画图像中，在持弓的贞夫旁边，有一戴冲天冠之人，当为宋康王无疑，其余人物即为大臣与从侍。

20世纪30年代，敦煌遗书中出现了手抄本的《韩朋赋》，详细记述了韩朋与贞夫的故事。因其系唐代抄本，有研究者认为此故事是后世人仿汉末《孔雀东南飞》所作。1991年中华书局出版的《敦煌汉简》，其中编号第496号的残简，时代为西汉。经裘锡圭先生研究，此简所残存27字，记载的正是宋康王之臣韩朋与其妻贞夫的故事。基本坐实其为战国时期的故事。

（说明：本文中所列《楚辞》《战国策》《史记》《晏子春秋》《诗经》《吕氏春秋》《春秋左传》《礼记》《后汉书》《汉书》《水经注》《春秋公羊传》《吴越春秋》《太平御览》《论语》《宋书》《说苑》《搜神记》《孟子》《列女传》各书均为中华书局版。）